北京市自然科学基金（项目号：8174072）资助
中国科协青年人才托举工程（项目号：2017QNRC001）资助

砂卵石地层地铁近接施工围岩稳定性分析

郝宪杰　孙卓文　陈宇龙　张　村　著

扫描二维码查看
本书彩色图片

北　京
冶　金　工　业　出　版　社
2022

内容提要

本书针对工程现场的砂卵石岩土体，采用 CT、SEM 等研究其细观特征；对砂卵石岩土体进行剪切试验，研究其变形、强度和特征；以此为基础研究该地层下地铁近接施工时的交互作用的影响范围与程度，获得地铁围岩变形受近接距和硐径等因素影响的规律，提出了地铁近接时的开挖、支护和监测优化方案，为我国砂卵石地层地铁近接施工围岩稳定性分析理论与实践提供借鉴。

本书可供科研机构、地铁企业、政府部门等从事地铁工程研究和施工管理的人员参考和阅读。

图书在版编目(CIP)数据

砂卵石地层地铁近接施工围岩稳定性分析/郝宪杰等著. —北京:冶金工业出版社，2022.4

ISBN 978-7-5024-9114-7

Ⅰ.①砂…　Ⅱ.①郝…　Ⅲ.①卵石—地层—地下铁道—工程施工—围岩稳定性—研究　Ⅳ.①U231.3

中国版本图书馆 CIP 数据核字（2022）第 057711 号

砂卵石地层地铁近接施工围岩稳定性分析

出版发行 冶金工业出版社　**电　话** (010)64027926
地　址 北京市东城区嵩祝院北巷 39 号　**邮　编** 100009
网　址 www.mip1953.com　**电子信箱** service@mip1953.com

责任编辑 王 双　美术编辑 燕展疆　版式设计 郑小利
责任校对 石 静　责任印制 李玉山
北京虎彩文化传播有限公司印刷
2022 年 4 月第 1 版，2022 年 4 月第 1 次印刷
880mm×1230mm　1/32；3 印张；88 千字；87 页
定价 29.00 元

投稿电话　(010)64027932　投稿信箱　tougao@cnmip.com.cn
营销中心电话　(010)64044283
冶金工业出版社天猫旗舰店　yjgycbs.tmall.com
(本书如有印装质量问题，本社营销中心负责退换)

前　言

地铁不仅可以缓解交通压力、减少污染，而且对于实现城市一体化也具有重要的意义。地铁工程作为长期使用的城市交通基础设施，其稳定性具有重要意义。

以北京市地铁为例，目前北京市地铁已经由20世纪七八十年代的单一线路发展成为如今的复杂地铁网络，并且仍处于不断的发展中。随着地铁网络的形成，必然带来不同线路的交叉和换乘，并出现大量的换乘车站和区间隧道的空间近接或穿越。如京张城际铁路连续下穿知春路、北四环、成府路、清华东路，之后再下穿北五环，一路向北进发经过沙河站、昌平站，与现有15号线、13号线、昌平线等都会形成交叉点。

如果对在建与在役近地铁距离施工不引起足够的重视，对风险估计不足，极有可能造成严重的事故后果。如在役的2号线地铁，由于受到在建5号线的影响而引起围岩变形增大，被迫采用了限速措施等。作为唯一的地铁特级环境工程风险，地铁近距离施工时不仅体现为在建地铁施工时会对在役地铁变形产生影响，同时在役地铁因其车载作用会对在建地铁产生动载影响，降低地铁使用寿命，而这些必须在地铁建设阶段就充分考虑到其相互影响作用，进而提早采取相应的加固支护措施。对这类问题引起的工程风险进行深入分析和合理预测具有重要的工程实际意义，同时也是研究的难点所在。

本书涉及的研究项目获得了北京市自然科学基金“北京在建与在役地铁空间近接时的交互作用及其支护对策”（项目号：8174072）的资助。作者所在团队对在建的机场线、昌平线南延等进行了大量的调研工作，以工程现场获取的砂卵石岩土体为原始材料，采用 CT、SEM 等研究了其细观特征；而后进行了砂卵石岩土体剪切试验，研究砂卵石岩土体的变形、强度和破坏特征，分析了其“似土非土、似石非石”的特性；以此为基础研究了在该地层地铁近接施工时的交互作用的影响范围与程度，以及受近接距和硐径等因素的影响规律，提出了地铁近接时的开挖、支护和监测优化方案。本书提出了以最大沉降差（两隧道中心点的沉降值与最大沉降值的差值）和开挖影响范围（沉降大于 5mm 范围的宽度与两隧道中心点的距离之差）为指标考察近接地铁交互影响程度。研究表明，双线隧道的沉降变形并不是两条单线变形的简单叠加，而是交互作用的结果：两条隧道两边外侧沉降值要大于单线隧道，同时双线隧道的影响范围也要大于单一隧道。砂卵石地层近接地铁开挖时，地表沉降宽度随着硐径和间距的增加而增大，且随硐径增加的速率明显大于随间距增加的速率。而沉降值随着硐径的增大而增大，随着间距的增大而减小。本书涉及的所有彩色图片需要通过扫描二维码查看。

在此要特别感谢程晋国和康一强的帮助，感谢他们在砂卵石取样及运输、数值模型构建等方面的鼎力相助，为本书的顺利完成打下了坚实的基础！此外，也要感谢自己所带的第一届研究生：孙卓文、张谦、魏英楠、靳多祥，与他们在科研和生活上相互支持相互帮助，也很高兴地看到他们硕士顺利毕业且都有了很好的归宿。作为一名导师最高兴的事情就是得天下英才而育之，也希望自己始终不忘初心，以培养一流人才为己任，把课题组每一个学生都培养成为让世界变得更好的人才。

本书涉及的项目在研究过程中得到了中国工程院、哈尔滨工业大学、中国石油大学（北京)、天津大学及各相关单位领导和专家的大力支持和帮助，在此表示衷心感谢！也感谢中国科协青年人才托举工程的资助使得本书研究能够继续深入！

砂卵石地层地铁近接施工涉及的问题多、机理复杂、控制难度大，本书仅是进行了初步探索，疏漏和不足之处，敬请读者批评指正。

郝宪杰

2021 年 10 月

目　　录

1 绪　　论

1.1 概述

地铁工程作为长期使用的城市交通基础设施，可以缓解交通压力、减少污染、节约能源，其稳定性具有重要意义[1]。目前北京市地铁已经由20世纪七八十年代的单一线路变为如今的复杂网络[2]。北京地铁在1970年、2008年、2015年统计得到的年客运量分别为828万人次、12.17亿人次以及28亿人次[3]。尽管如此，地铁线路与运量仍未满足北京的需求。国家发展与改革委员会在2015年出台的《北京市城市轨道交通第二期建设规划（2015—2021年）》中指出，北京市将在市内及市郊再均匀布建12条地铁路线以供交通需求。截至2021年，北京市规划建设地铁线路达27条、轨道交通涵盖长度达到998.5km，估计北京市城市轨道交通占居民出行量比例将达到62%[4]。

随着地铁网络的形成，必然带来不同线路的交叉和换乘，并出现大量的换乘车站和区间隧道的空间近接或穿越，在2021年规划设计中，换乘车站和区间穿越段达到百处以上，而随着北京地铁的继续建设，北京在建与在役地铁的近距离施工成为地铁网络规划设计中不可避免的问题，也成为地铁设计和施工新的挑战[5]。

北京已有数十处在建与在役地铁近距离地铁施工的案例，如在建的机场线穿越在役10号线的三元桥站等。如果对在建与在役近距离施工不引起足够的重视[6]，对风险估计不足，极有可能造成严重的事故后果。如在役的2号线地铁，由于受到在建5号线的影响而引起变形增大，被迫采用了限速措施等。在建与在役地铁近距离施工时不仅体现在在建地铁施工时会对在役地铁变形产生影响[7]，同时在役地铁因其车载作用会对在建地铁产生动载影响，降低地铁使用寿命，而这些必须在地铁在建阶段就充分考虑到其相互影响作用，进而提早采取相应的加固支护措施。

1.2 国内外研究现状

目前地铁建设空间近接时的交互作用以及地表沉降特征已经越来越引起政府部门和学者的注意。1997 年，日本政府公示的《既有铁路隧道近接施工指南》中初次提出了近接工程，将近接空间划分为无影响、需注意以及需限制，并将近接情况分为在建轨道比在役轨道埋深较浅、在建轨道比在役轨道埋深较深、在建轨道与在役轨道埋深一致的情况进行了研究，重点研究了新建隧道施工对已有地铁的影响，以及已有地铁动荷载对新建地铁的影响。尽管如此，该《指南》主要侧重定性研究，对于近接地铁相互影响的定量化和支护对策的研究相对薄弱。而我国由于密集度越来越高的地铁建设工程，该问题也日益得到重视，目前针对地铁建设地下工程空间近接时的稳定性主要通过现场实测、理论分析、数值模拟、室内试验、经验类比等方法来进行。

1.2.1 现场实测

现场实测是进行近接工程稳定性研究的基础。吕培林[8]获取了近接工程的观测数据，对时效沉降、沉降量及沉降槽的特征进行了分析，研究表明后续沉降是该工程最终沉降量的最主要影响因素。田家琳、马锁柱等人[9,10]以北京地铁下穿工程为背景，改进了起初支护的支撑形式，优化了二期施工技术及跟踪补偿技术。王斌[11]针对合肥地铁 1 号线近接高架桥地基的问题，对 1 号线隧道和桥桩结构近接部位的应力、位移及地表沉陷值做了研究。袁金秀等人[12]通过对北京地铁 6 号线下穿既有盾构区间的现场监控量测和施工实践表明矿山法隧道可供类似工程参考。薛景沛等人[13]通过对既有线引进自动化信息监测技术较好地指导了施工。M. Devriendt 等人[14]将实测位移与隧道变形计算进行了比较，并给出了在开挖和施工阶段测得的位移。Huang 等人[15]研究了附近深开挖引起的隧道变形行为，发现开挖对下伏隧道的影响非常显著，其范围约为沿隧道轴线的 5 倍开挖宽度。Wu 等人[16]分析了深基坑对邻近地下结构的影响，并通过工程措施，减少了施工的影响。J. S. Sharma 等人[17]研究了隧道开挖过程中的变形，发现隧道衬砌的刚度对相邻开挖引起的隧道位移有显著影响。谢琪[18]以隧道施工中隧道与溶洞之间的安全距离为切入点，采用均匀设计研究了安全距离与制约因素间的关系。Liang 等人[19]研究了新建隧道爆破震动对新疆某既有铁路隧道的影响，调整了原爆破设计及相应参数，降低了爆破震动的最大速度。Chen 等人[20]提出了下伏隧道上方开挖的分段交替开挖方法，该方法有效控制了相邻开挖引起的现有隧道变形。Liu 等人[21]发现，当开挖量较小时，现有隧道的隆起值随着每一步开挖宽度的增加而非线性增加。Liang 等人[22]分析了深基坑开挖过程中相邻地铁在运营中的变形情况，发现基坑施工引起的变形满足地铁隧道结构小于 4mm 的要求。Sun 等人[23]提出了一种评估地铁施工对邻近建筑物安全影响的有效方法。张国茂[24]结合了国内外关于特殊地层隧道施工的研究现状，利用力学实验和理论研究，分析了施工过程中影响地表沉降和围岩稳定的影响因素。Huo 等人[25]研究了既有车站底板的沉降规律，提出了新建隧道的方法，以保证既有车站的安全正常运行。

1.2.2 数值模拟

雷震宇等人[26]通过有限元数值模拟分析了地铁运行造成的荷载对临近施工中隧道的影响并提出了合理的加固方式。臧延伟等人[27,28]利用数值模拟对近接施工过程进行了数值模拟，发现注浆加固可以有效控制施工引起的隧道变形。许有俊等人[29]考虑列车运行产生的动力荷载、注浆造成的硐壁压力等因素，模拟了盾构穿越施工的过程，对路面沉降形态进行了测试研究。刘银伟等人[30]通过现场监测和数值模拟对盾构施工下穿在役铁路造成的地表沉降规律进行了研究。马文辉、朱衍峰、王振、王世明等人[31~34]以北京市新建地铁双线盾构隧道近接下穿在役双线地铁的盾构区间工程为背景，研究了近接工程对在役地铁车站的影响。荔强、王晓睿等人[35,36]通过数值模拟对所选城市的近接施工过程进行了影响性分析，对处于软土地质情况下盾构技术、围岩扰动控制的相关工程措施提出了建议。Luo 等人[37]对邻近既有行车隧道的位移进行了预测，发现邻近既有行车隧道的竖向和水平变形均能满足工程需要。郑继强[38]使用数值模拟对地铁快速施工进行了建模分析，通过对应力、位移的分析对地铁快速开挖进尺进行了研究。徐杨[39]建立了有限元数值模型，以断层的不同分布情况为变量，分析了地铁隧道应力场及位移场的变化，对其围岩稳定性进行了研究，并结合工程应用对施工进行了指导。李科委[40]通过数值模拟与现场实测的结合分析，对地铁施工引发的地表沉降以及隧道围岩的变形破坏规律进行了研究，并对施工过程中存在的风险进行了评价。

1.2.3 理论分析法

姚海波、白海卫、贾永刚等人[41~43]总结了近接施工对在役隧道造成影响的主要因素，分析了工程中现有结构的受力安全状态，分析了在修隧道近接施工的力学原理。黄子文[44]以昆明轨道交通线为例，结合理论分析，数值模拟和现场测试，对浅埋暗挖法开挖隧道的地表沉降及围岩稳定性进行了研究。Huang 等人[45]对砂质泥岩试件进行了三轴卸荷围压试验，研究了深部软土隧道掘进过程中的变形机理，发现随着卸荷速率的增加，峰后脆性特征更加明显。郑选荣[46]以西安地铁为工程背景，利用理论分析、室内试验、现场实测和数值模拟对黄土地层中以浅埋暗挖法施工的隧道围岩变形特性进行了深入研究。整体来看，当前纯理论分析近接工程稳定性的研究相对较少。

1.2.4 经验类比法

韩煊等人[47]提出了通过案例分析预测近接施工条件下产生沉降的分析方法。王占生等人[48]介绍了在修浅埋暗挖隧道近接穿越在役地铁隧道的关键控制技术。李立[49]通过对工程特点、技术创新、建设经验的总结，对盾构近距工程采取的设计方案、技术创新及相关技术措施进行了分析总结。

针对在砂卵石地层中进行地铁开挖，当前也很有很多学者进行了研究，如 Zhang 等人[50]将岩块和土壤基质视为独立的组分，提出了一种模拟砂卵石地层的中尺度数值方法。Du 等人[51]提出了一种模拟砂卵石地层隧道开挖的多尺度分析方法，在保证精度的前提下减少了数值计算工作量。Khoiri Mohamad 等人[52]通过数值反演分析了卵石层的强度和模量参数，发现强度参数呈线性下降趋势。

综上所述，地铁近接施工问题已经越来越多的在地铁施工中遇到，由此带来的安全问题也引起了众多学者的关注，但是同时也可以看出，虽然地铁隧道近接施工问题的相关研究工作屡见报道，但以往的研究成果多集中在地铁近接施工控制技术或个别典型案例的分析上，而系统研究砂卵石地层中地层中地铁近接工程的交互作用，包括其相互影响的深度和程度，受影响因素的定量分析相对较少。当在建与在役地铁空间近接时，地下工程的变形破坏特征是该问题的核心，因此地铁近接空间的岩土体变形破坏特性以及由此带来的合理近接距是该问题的研究核心，也是当前研究的不足。

1.3 当前研究存在的不足

综上所述，地铁近接施工问题已经越来越多的在地铁施工中遇到，由此带来的安全问题也引起了众多学者的关注，但是同时也可以看出，虽然地铁隧道近接施工问题的相关研究工作屡见报道，但以往的研究成果多集中在地铁近接施工控制技术或个别典型案例的分析上，而系统研究砂卵石地层中地铁近接工程的交互作用，包括其相互影响的深度和程度，受影响因素的定量分析相对较少。当在建与在役地铁空间近接时，地下工程的变形破坏特征是该问题的核心，因此地铁近接空间的岩土体变形破坏特性以及由此带来的合理近接距是该问题的研究核心，也是当前研究的不足。

针对上述不足，本书第 2 章对北京新机场线的砂卵石地层进行踏勘分析，第 3 章对砂卵石样品的物质组成和细观特征进行了研究，第 4 章研究不同含水率下砂卵石岩土体的剪切应力应变曲线以及与其他土层的区别，第 5 章分析了砂卵石地层地铁近接时其交互作用规律以及主要影响因素，第 6 章在上述基础上提出了在建与在役地铁地下工程空间近接时施工、支护、监测优化方案。本书可为砂卵石地层中地铁近接开挖提供了依据和技术支撑，同时对我国其他类似的砂卵石地层开挖也具有一定的理论和技术参考价值。

2 砂卵石地层区域地质概况

2.1 地质概况

本书以北京地铁大兴机场线作为工程背景，结合大兴机场线实测变形数据完成本书相关内容。北京市地处华北平原，占地面积达16410km^2。按地质构造划分，北京地区处于中朝准地台北部，本项目拟建场地主要位于华北断坳（$Ⅱ_2$）、北京迭断陷（$Ⅲ_7$）之黄村迭凸起（$Ⅳ_{16}$）构造单元内，如图 2.1 所示。

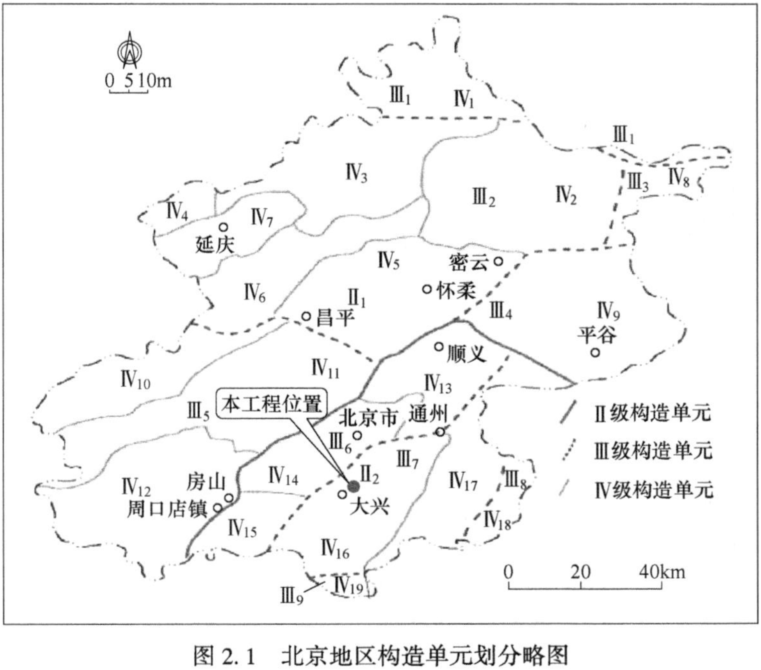

图 2.1 北京地区构造单元划分略图

北京地区的地质构造主要特征为以断裂及其控制的断块活动为主。北京地区的断裂活动性差异较大，具备分段活动的特征。本项目拟建线路附近主要地质结构为南苑—通县断裂。

根据地质资料显示，拟建线路位于永定冲洪积扇中上部，隶属于第四纪形成的冲洪积平原区。本线路起点位于团河路南（拟建磁各庄站北），直至黄亦路北。隧道最大埋深达到地下 28.0m。拟建场地现场状况如图 2.2 所示。

图 2.2 区间起点环境条件图

北京地铁大兴机场线施工现场位于北京市大兴区、丰台区，为地下隧道。线路起自磁各庄站，下穿团河路、兴亦路、科苑路、金星路后，沿广平大街向北铺展，穿过凤河和南水北调干渠后向北敷设，下穿西红门及地铁大兴线的地上线路部分。而后向西北折向海子公园线后下穿南环铁路，最终沿京开高速东侧到达终点草桥站。拟建线路沿线现状主要为农田、荒地、民房、道路、住宅区、地表水体、地铁、公园、铁路线等。拟建线路场地势由南向北逐渐升高，场地地形整体平坦。具体位置如图 2.3 所示。该机场线于草桥站与地铁 10 号线近接换乘，于新宫站附近与大兴线交错（暂无换乘），其余近接及换乘车站仍在规划施工中，具体近接换乘站见表 2.1。

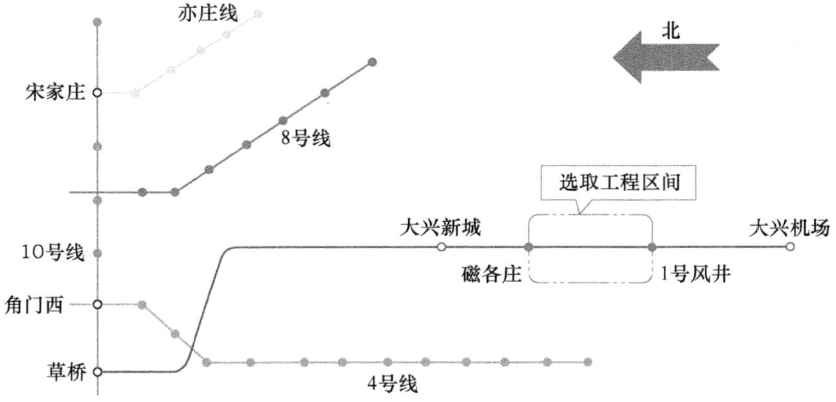

图 2.3　区间线路平面走向示意图

表 2.1　北京地铁大兴机场线拟换乘站

车站名称	所属区段	通车日期	可换乘线路	所在行政区
丽泽商务区站	北延	2021 年末	16 号线、14 号线	丰台区
草桥站		2019 年 9 月	10 号线、11 号线（待定）、19 号线	
磁各庄站			21 号线（待定）	大兴区
大兴机场北航站楼站			20 号线（规划中）、京雄城际铁路	
大兴机场南航站楼站	南延	预留车站	规划中	

本工程起始里程为右 K30+343.920，终点里程为右 K33+196.032，区间总长度约 2852m，为双线双洞区间（起点附近为盾构始发井），施工方法采用盾构法，所选盾构外径为 8.8m。隧道工程共设置联络通道 5 处，断面宽为 4.20m，侧壁高为 2.05m，顶弧半径为 2.10m 的拱门

形，长度为 15.80m。其中 2 号联络通道下接水泵房，其断面宽为 3.6m，高为 3.00m，长度为 4.10m，区间设计条件见表 2.2。

表 2.2　区间结构设计条件

结构部位	顶板/m		底板/m		轨面线/m		右线里程/m	施工方法
	埋深	标高	埋深	标高	埋深	标高		
区间隧道	12.31~18.83	20.47~24.85	21.11~28.00	11.67~16.00	19.61~26.13	13.17~17.55	K30+343.920~K33+196.032	盾构法
1 号联络通道	16.75	20.08	20.90	15.93			K30+600.000	矿山法
2 号联络通道兼废水泵房施工竖井	20.64	17.43	27.61	10.28			K31+200.000	矿山法
3 号联络通道	18.07	19.41	22.22	15.26			K31+608.699	矿山法
4 号联络通道	17.26	20.98	21.41	16.83			K32+108.699	矿山法
5 号联络通道	19.61	18.98	23.76	14.83			K32+608.699	矿山法

2.2　样品获取

本研究所用基础土壤样品取自北京市新机场地铁线施工现场，初次取样现场位于团河路团河农场地下施工现场，如图 2.4 所示，取样前一周内天气正常，未出现降雨影响工作面土壤环境。团河农场地下

图 2.4　团河农场地下新机场线施工现场

施工现场位于地表下 10m 左右，隧道施工工作面高度约为 7m，跨度囊括多种类型地层，例如粗砂、细砂以及砂卵石等地层，其地层样貌特征如图 2.5 所示。

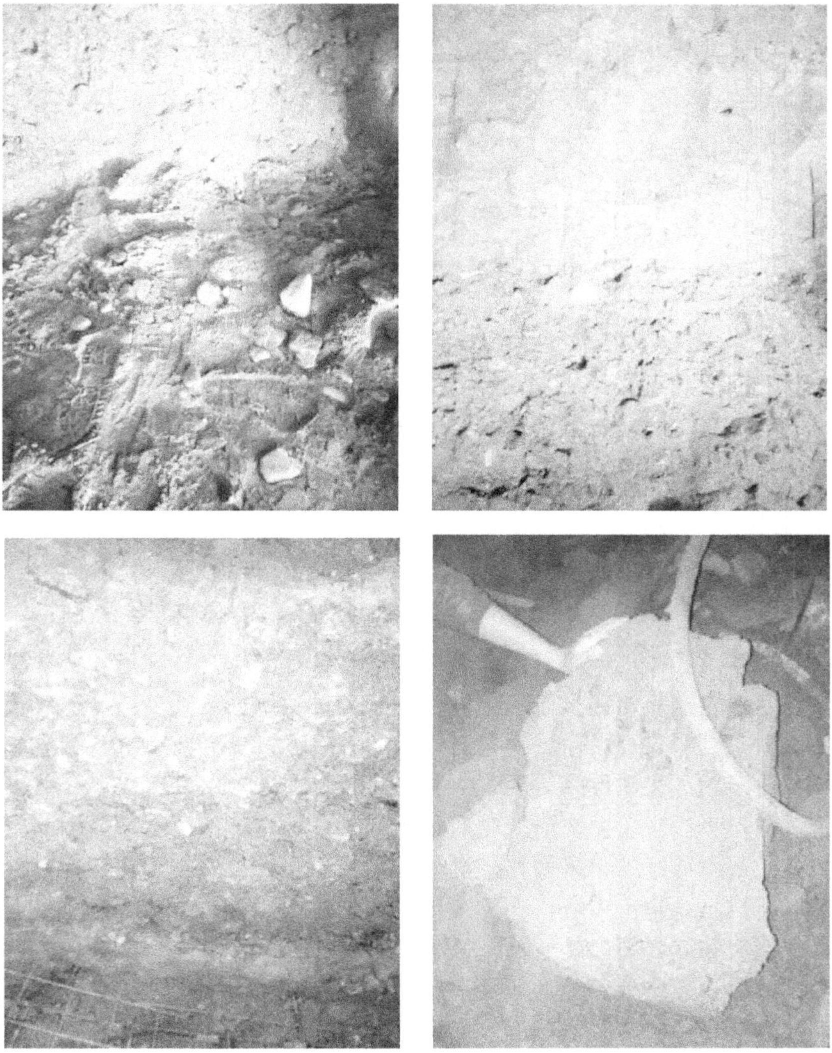

图 2.5 砂卵石地层样貌特征
（依次为砂卵石、砂卵石、粗砂、黏土）

取样时在掘进工作面上选择具有明显土壤分层的区域如图 2.6 所示，之后采用洁净的铁锹于所选各土层的中部挖掘取样，并称装进备好的袋中封存。尽量避免在交界处取样，其原因是防止所取样品中混杂其他种类的土。本次取样取得了足量的粗砂、细砂、粉细砂、黏土以及砂卵石共五类样品，为项目之后的实验分析建立了基础。

图 2.6　现场取样示范点

从取得的样品上可以明显看出，砂卵石主要由砂和碎石组成。其中包含砂的粒径明显大于粉细砂，与细砂接近。而石块的最大粒径大约为 8cm。砂卵石中砂与碎石的分布较为散乱，没有肉眼可观察到的分布规律，不均质性较为明显，具有显著的非均质特征。

在初步进行了分析研究之后，为针对砂卵石地层进行更广泛研究并验证所得结论的正确性与广泛性，选择了另一处位于大兴区广平大街的新机场线施工现场，该施工现场为新机场线工程中正在施工的一盾构接收井，如图 2.7 所示。该工地于取样前两天挖入较大厚度的砂卵石地层中，该地层厚约 8m，处于地表下 10～18m 的位置，包含了丰富的具有各种粒径和密度的砂卵石，取样时已掘进至地下 15m 位置，同时由于短暂天气原因导致工程暂停，使之成为再次取样地点的绝好之选。

图 2.7 盾构接收井施工现场

在施工现场中可以看到，砂卵石中卵石的粒径大小差别较大，其中较小的粒径有 3~4cm，而较大的则达到 7~9cm 甚至 10cm 以上，并且整体分布较为散乱，如图 2.8 所示。故本次取样考虑了砂卵石地层中卵石粒径对其性质的影响，在捡取样品时挑选不同的地层位置，挖掘拾取了较为常见的、带有较明显不同粒径的砂卵石样品并将其分装，主要选取了大粒径约为 4cm、6cm 以及 8cm 共三类砂卵石样品，如图 2.9 所示。

图 2.8 砂卵石分布散乱的施工现场及挖取样品

图 2.9　施工现场不同尺寸的卵石样品

两次取样共计取得粗砂、细砂、粉细砂以及黏土样品各 10kg，砂卵石样品共计 30kg，同时另外获取了砂石分离的砂卵石样品，为项目的研究建立了坚实的基础。

北京地铁开挖时经常遇到砂卵石地层，如 8 号地铁线、10 号地铁线、机场线等，该地层交错变化频杂，砾石含量高，粒径差异大，力学性质差异也较大，是典型的力学不稳定地层，其基本特征是结构松散、无胶结、卵石粒径大小不等，一旦开挖，极易出现地层失稳。本章将北京市新机场线作为工程背景，先后对现场进行两次勘探后，获取了足量的砂卵石岩土样品，为后续对样品的微观结构及力学性质研究提供了有力的保障。

3 砂卵石岩土体细观非均质特征

本章基于 CT 扫描、SEM 电镜扫描，对北京市新机场线施工现场所取土样进行实验，旨在获取地铁近接区域岩土样品的微观结构及空间分布特征。同时采用室内直剪试验对岩土体的基本力学性质进行测试。

3.1 CT 扫描实验

3.1.1 原理介绍

X-CT 对样品的检测是基于样品内物质对 X 射线的吸收衰减。当 X 射线穿过岩心时，部分被矿物吸收，能量衰减，透过岩心的部分在探测器上形成投影图像。

基于以上原理所研发的全直径岩心检测装备 Geoscan，其核心部件运动平台主要由水平运动轴（控制射线源和探测器的水平移动）、旋转轴（控制岩心样品的旋转）组成。岩心在检测过程中可 360°旋转，获得不同角度下的投影图像，利用投影数据结合重建算法，生成相应的三维灰度图像。

扫描得到的原始灰度数据体，经数字化处理后就可得到三维空间内岩心的各个参数分布规律并成图。对任意切面进行剖切，还可以得到不同平行层面二维区内的储层结构及矿物分布特征。利用相应的图像处理技术可以对数据中的结构进行空间提取并进行相应的定量计算对全直径岩心扫描形成的数据库，可以服务于勘探、开发、工艺工程等不同的专业人员。

本实验采用天津三英精密仪器公司提供的 Geoscan 系列全岩心三维 CT 系统对砂卵石样品进行了扫描，得到了直观的切片数据以及用于后续处理的扫描原始数据，该仪器展示如图 3.1 所示。

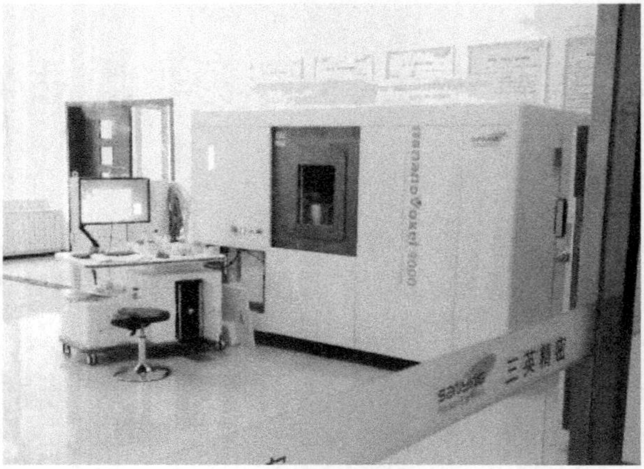

图 3.1 Geoscan 系列全岩心三维 CT 系统

3.1.2 扫描结果展示

由于本次所取样品包含了砂卵石、细砂、粗砂、粉细砂及黏土五种土样，而从外观上可以看出砂卵石较其他四种样品具有更明显的非均质性，因此在 CT 实验中着重对砂卵石样品进行分析。基于取得的样品以及获取的数据，使用三维重构软件对扫描得到的数据进行处理和逆向化重构，展示出砂卵石样品中的孔隙信息、基质构成及空间分布。图 3.2 所示为使用软件 AVIZO 展示的砂卵石土层样品的三维模型，在其三视图中，绿色部分表示砂卵石土层样品中的碎石，白色部分表示样品中的砂，红线部分则表示了两者之间的接触面。

本次实验扫描的砂卵石样品的图像和三维数据，展示如下。

3.1.2.1 一号砂卵石样品

一号砂卵石样品的图像和三维模型数据如图 3.3～图 3.5 所示。

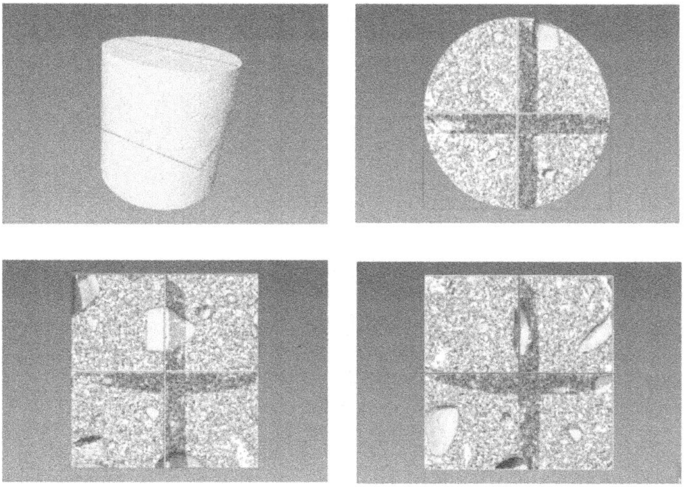

图 3.2 砂卵石样品三维模型及其空间分布

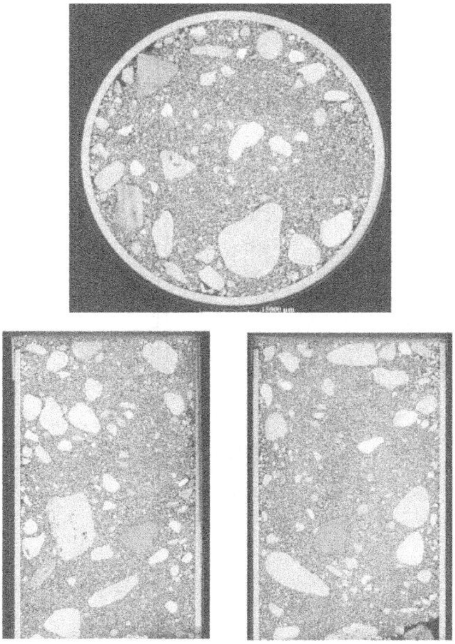

图 3.3 一号砂卵石样品 CT 扫描得到的切片图像

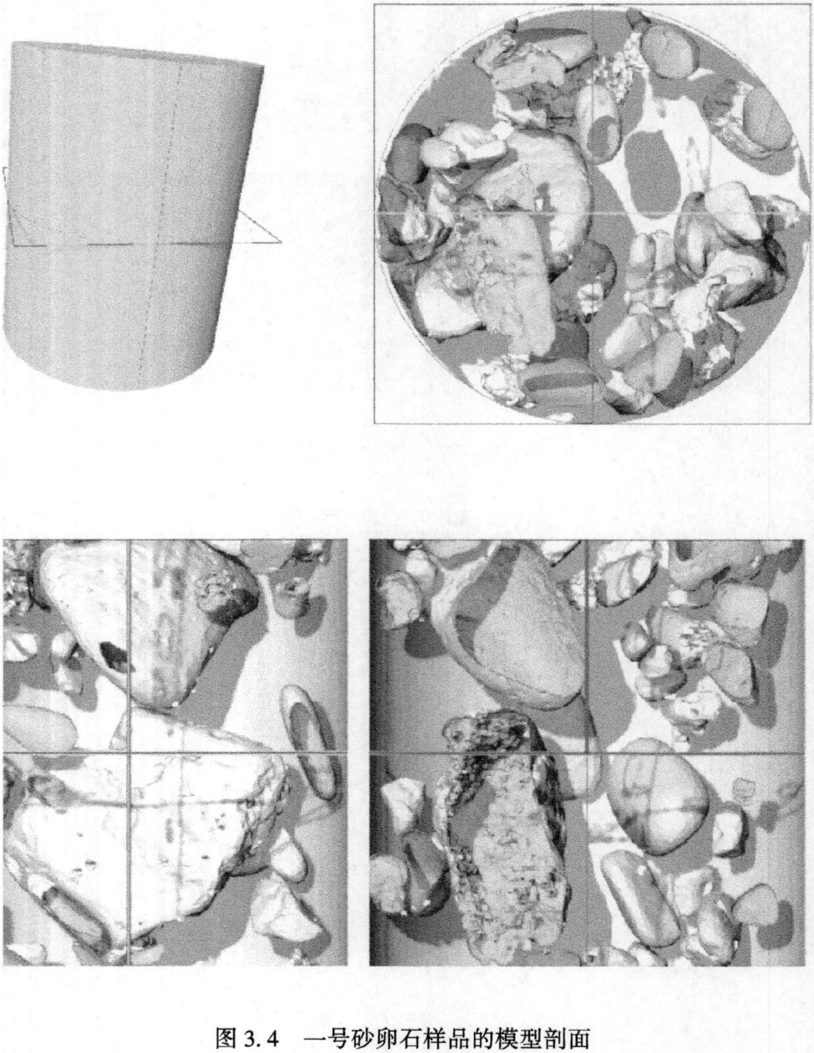

图 3.4　一号砂卵石样品的模型剖面

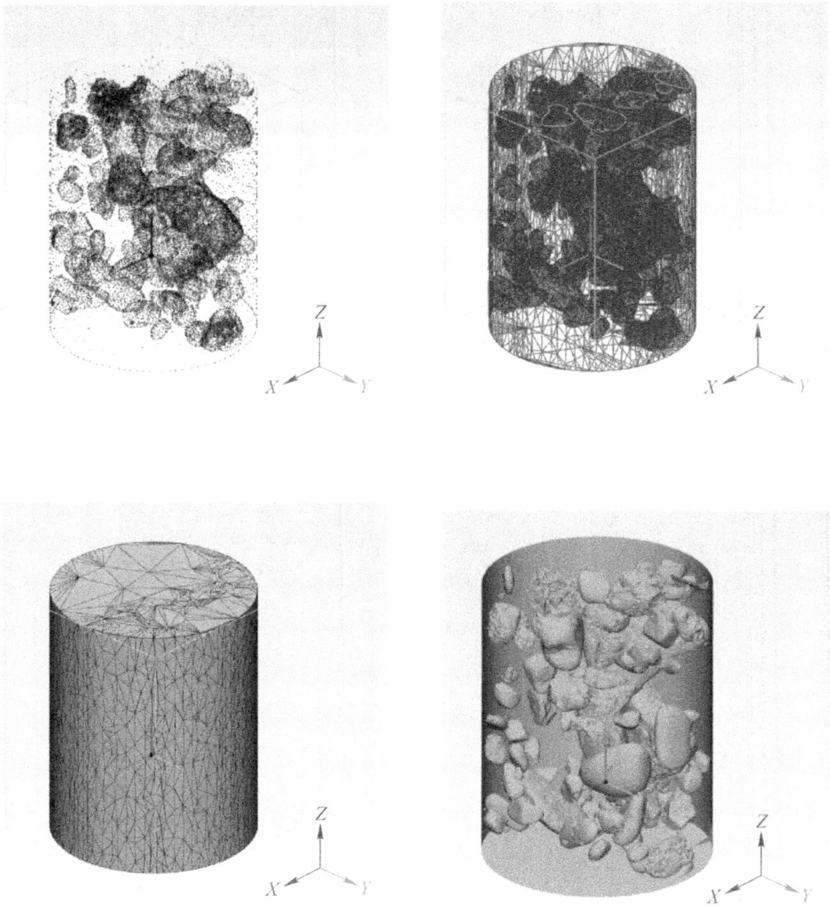

图 3.5 一号砂卵石样品的三维透视模型

3.1.2.2 二号砂卵石样品

二号砂卵石样品的图像和三维模型数据如图 3.6~图 3.8 所示。

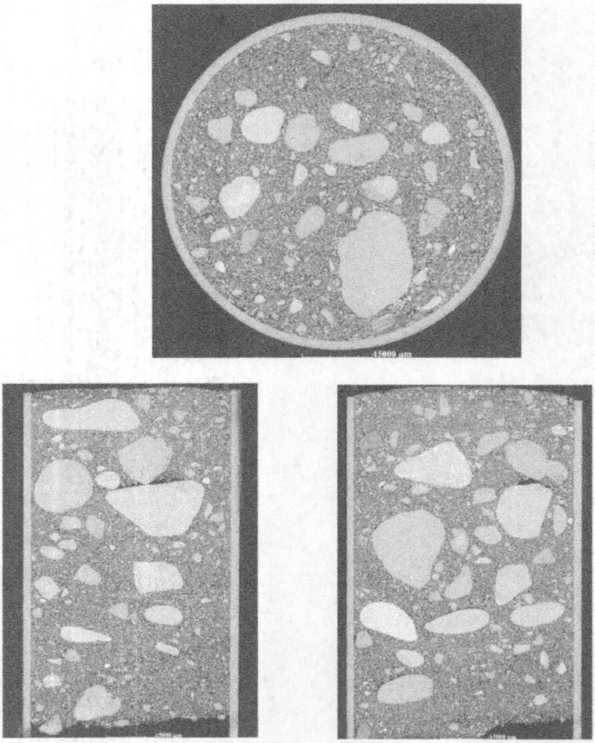

图 3.6　二号砂卵石样品 CT 扫描得到的切片图像

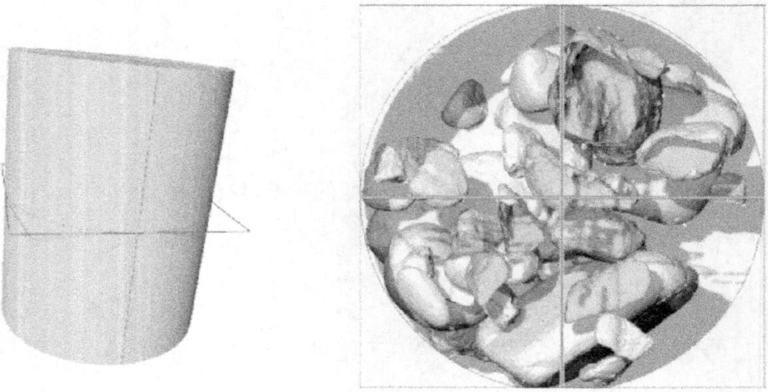

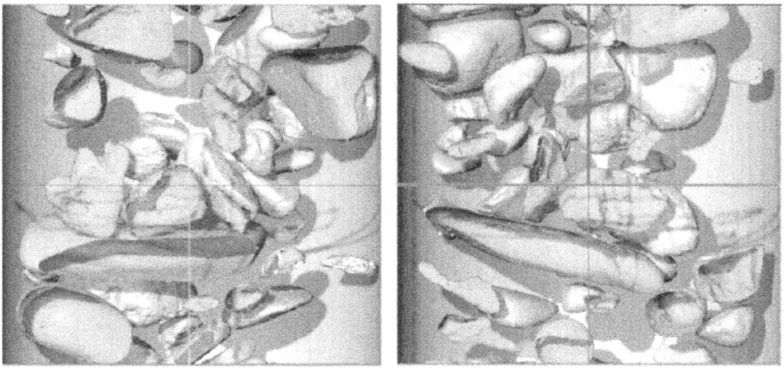

图3.7 二号砂卵石样品的模型剖面

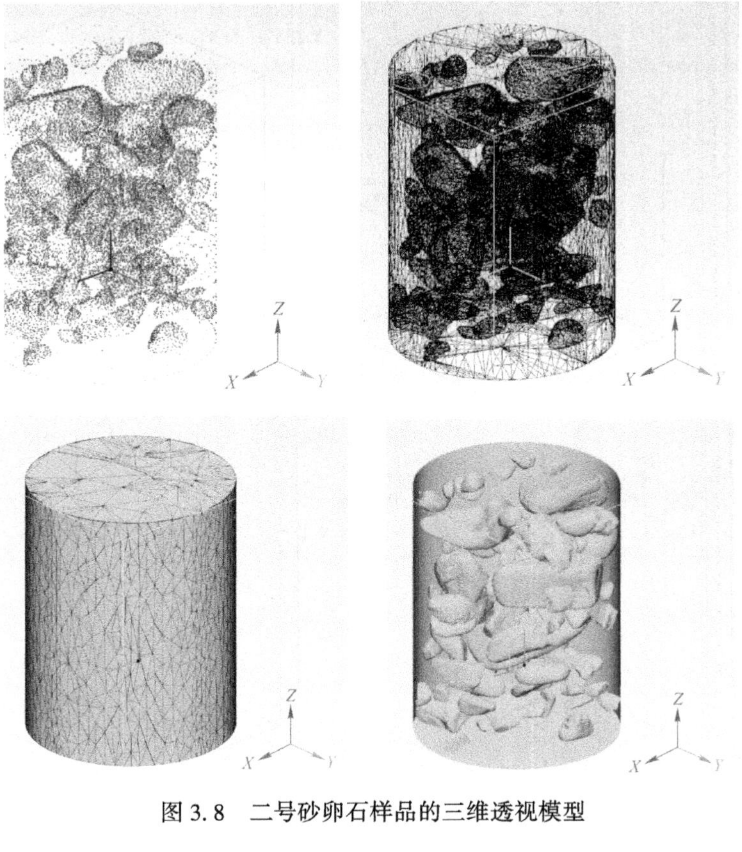

图3.8 二号砂卵石样品的三维透视模型

3.1.2.3　三号砂卵石样品

三号砂卵石样品的图像和三维模型数据如图 3.9~图 3.11 所示。

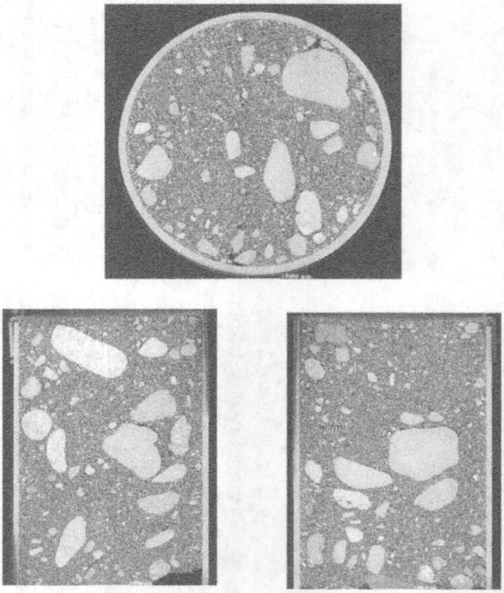

图 3.9　三号砂卵石样品 CT 扫描得到的切片图像

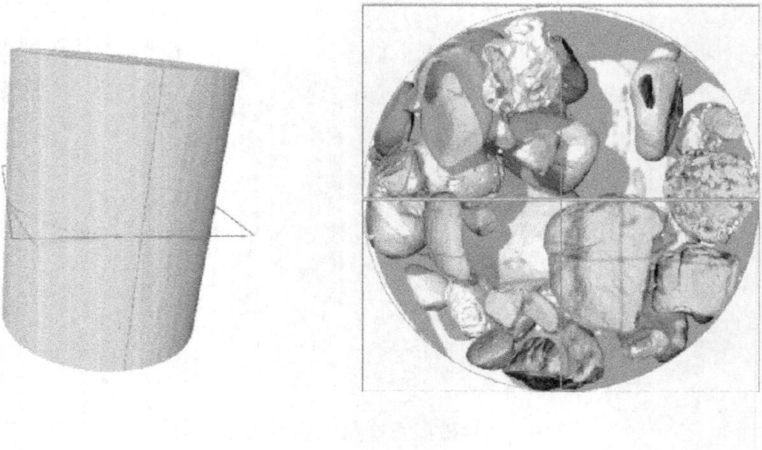

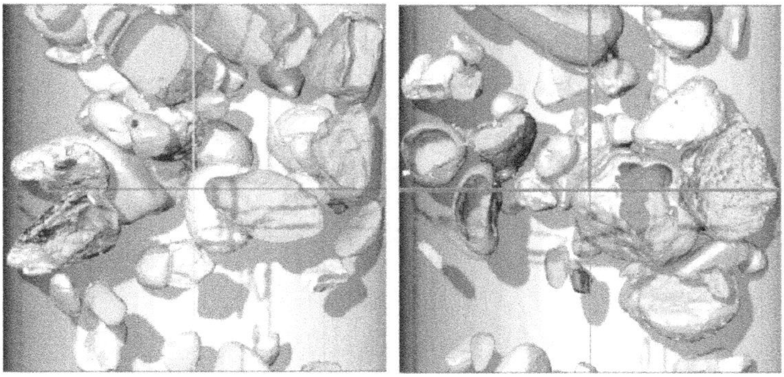

图 3.10　三号砂卵石样品的模型剖面

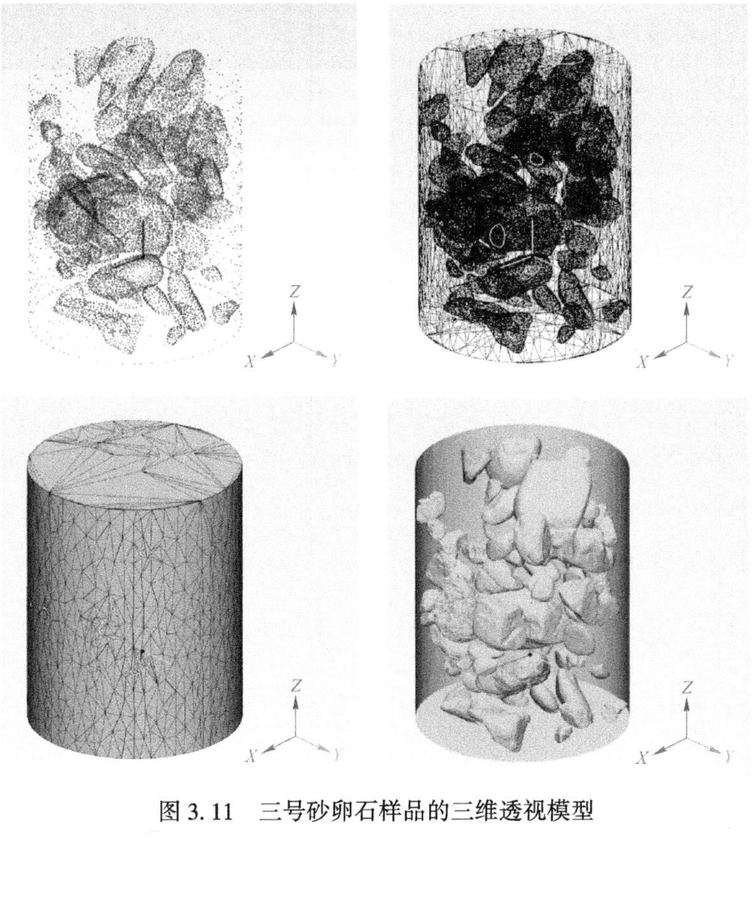

图 3.11　三号砂卵石样品的三维透视模型

3.1.3 表征分析

由上述 CT 灰度值展示图可以较为直观地观察到砂卵石样品中的物质空间分布，可以看到卵石和砂砾之间结合比较密切，孔隙较少且小。由 3-matic 重构获得的三维透视模型同样较为直观地反映了砂卵石样品的空间特征，卵石分布杂乱密集。综上可以明显看出卵石在砂土中的分布较为散乱，相比于粉细砂、细砂等具有较为显见均质性的土样而言，砂卵石土样具有较为明显的非均质性，卵石的粒径大小差别也较大，较大卵石的尺寸往往可达较小卵石尺寸的数倍甚至十几倍。

3.2 SEM 电镜扫描实验

3.2.1 实验介绍

扫描电镜（SEM）是用聚焦电子束在试样表面逐点扫描成像。试样为块状或粉末颗粒，成像信号可以是二次电子、背散射电子或吸收电子。其中二次电子是最主要的成像信号。由电子枪发射的电子，以其交叉斑作为电子源，经二级聚光镜及物镜的缩小形成具有一定能量、一定束流强度和束斑直径的微细电子束，在扫描线圈驱动下，于试样表面按一定时间、空间顺序作栅网式扫描。聚焦电子束与试样相互作用，产生二次电子发射以及背散射电子等物理信号，二次电子发射量随试样表面形貌而变化。二次电子信号被探测器收集转换成电信号，经视频放大后输入到显像管栅极，调制与入射电子束同步扫描的显像管亮度，得到反映试样表面形貌的二次电子像，其原理图如图 3.12 所示。

3.2.2 实验过程

采用图 3.13(a) 所示的由中国石油大学（北京）提供的 Quanta 200F 场发射扫描式电子显微镜对 3.1 节所述样品进行扫描，以获取各类土壤样品的微观结构。实验中对粗砂、细砂、粉细砂、黏土和砂卵石共五类取自同一施工现场的土层样品进行扫描，同时由于砂卵石地层肉眼可见的不均质性，对其多设置一组实验。由于本次实验扫描

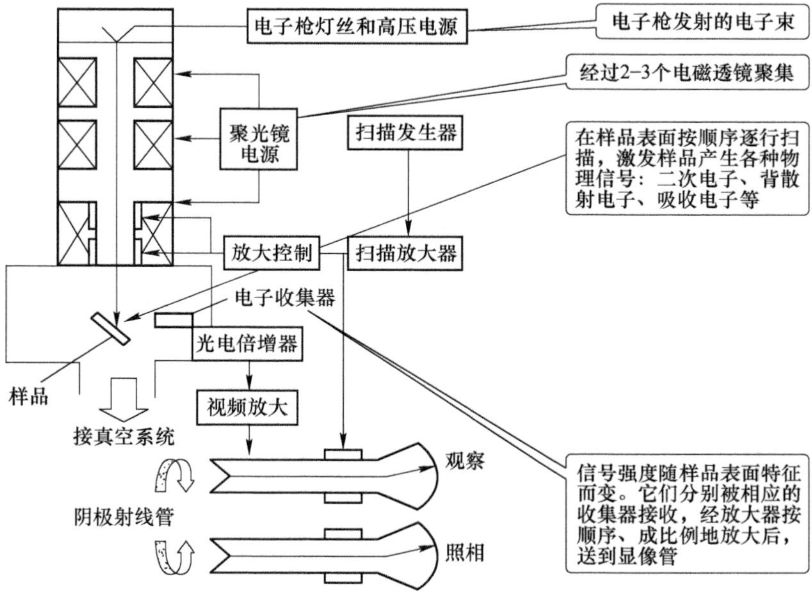

图 3.12 扫描电镜实验原理图

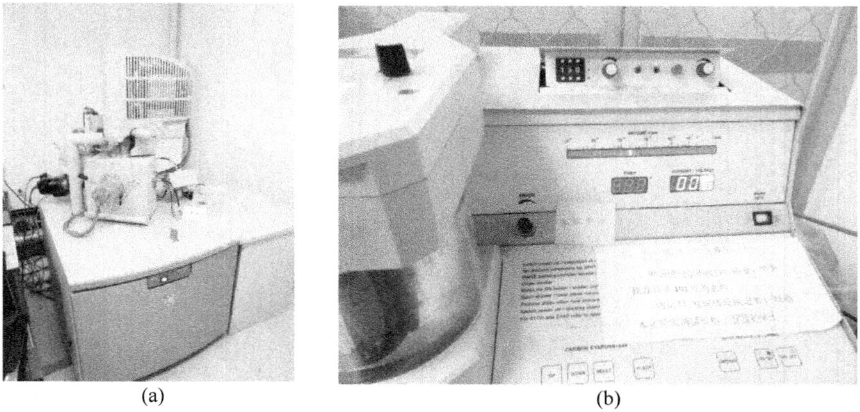

(a) (b)

图 3.13 SEM 电镜实验所用仪器

样品均为土壤类样品，不具有导电性，且颗粒较小易松散（黏土除外），样品体积较小，为 1cm×1cm×1cm，故采用导电胶对其进行固定即可，之后做喷金处理以提升样品导电性，方便其成像，喷金仪如图 3.13(b) 所示，具体实验操作如下：

（1）首先将样品固定于导电胶上。使用剪刀及镊子处理导电胶外包装并将其粘结在扫描圆盘上，之后选择一份待处理样品，将该样品适量铺在导电胶一端，再用洁净的纤细木棒拨动使样品均匀分布在导电胶上，之后清理散落在导电胶之外的样品。各份样品的处理分开进行，由于扫描圆盘面积较小，铺设样品时容易出现失误使样品混合，故在处理铺设新样品时，使用纸板隔离之前所有处理好的样品，避免样品混淆。固定处理好的样品如图 3.14(a) 所示，其编码 1～6 所代表的土壤样品分别为：粗砂样品、细砂样品、粉细砂样品、黏土样品、砂卵石样品 1 以及砂卵石样品 2。

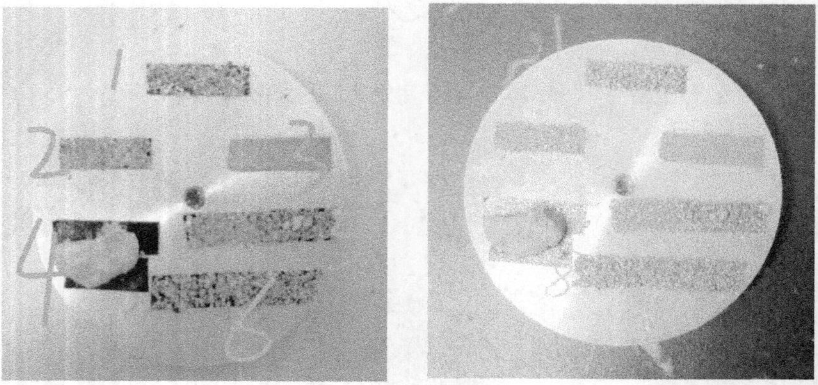

(a) (b)

图 3.14 对样品进行扫描前处理

（2）随后进行喷金处理。将扫描圆盘放入喷金仪中，设置好相应参数开启仪器，待真空度示数到达 10^{-4} 后喷金完毕，等待仪器冷却 2～3min 后，取出样品。

（3）将喷金处理完毕后的样品放入 Quanta 200F 场发射扫描式电子显微镜中，开启仪器对样品进行扫描。之后在成像中找到各类样品并调整亮度、分辨率等参数，选择合适的成像区域对样品做进一步放大成像并获取图片数据，如图 3.15 所示。

图 3.15 对扫描样品进行选点、选图

3.2.3 结果对比分析

本节对 SEM 扫描电镜实验所获得的不同样品的扫描图像进行对比分析，旨在比较各类土壤样品在不同的放大倍数下所表现出的不同的形态表征差异，从微观层面上分析其不同之处。

3.2.3.1 100 倍电镜对比分析

对比 6 类样品扫描结果（见图 3.16），从粒径上看，粗砂的砂粒具有较大的粒径，平均在 1mm 左右；砂卵石中的砂粒与细砂的砂粒具有较为相似且略小于粗砂砂粒的粒径，大约在 0.5mm 左右，但波动较大；粉细砂的砂粒则具有可视范围内最小的粒径，大体保持在 0.1mm 以下。

图 3.16 100 倍放大下的各类样品扫描图像对比

(a) 粗砂；(b) 细砂；(c) 粉细砂；(d) 黏土；
(e) 砂卵石 1 号样品；(f) 砂卵石 2 号样品

从形状上看，粗砂、细砂以及砂卵石样品的颗粒性状较为相近，均呈现小颗粒块状；而粉细砂及黏土样品由于粒径较小，大体呈松散状，成块不明显。

从空间分布来看，粗砂与砂卵石样品分布呈现无规则状态，粒径大小不一且无规则，而粉细砂与黏土分布较为均匀，从100倍电镜放大角度下观察出其具有一定的整体性。

从上述3点可以初步看出，砂卵石属于非均匀物质，其物质构成不单一且无规则，粒径有大有小，而黏聚力较小，具有较大的缝隙，而粉细砂以及黏土具有比较明显的聚合现象，粒径之间间隙并不明显，依旧能看出粉细砂与黏土处于较为整体的形状，而针对粗砂和细砂的电镜放大情况来看，可以看出粗砂砂粒与砂卵石中的砂粒粒径相比是较大的，但粗砂中存在的物质比较明显，从图中可以看出，粗砂所含物质从表象上来看是比较类似的，且粒径之间的差距并没有砂卵石粒径之间的差距明显。

3.2.3.2 400倍电镜对比分析

由图3.17可知，由400倍电镜放大后可以更加清晰地看出6种样品的大小比较，其中粗砂属于粒径最大的一类样品，砂卵石岩土体中的砂粒粒径更加接近于细砂，细砂粒径大约在0.5mm左右，两者粒径尺寸几近相似，细砂样品表面附着着少量的细微颗粒，而砂卵石样品表面附着较大量的不同粒径的细微颗粒，同时从图3.17中可以看出，粉细砂与黏土依旧保持着黏聚状态，依旧具有较高的整体性，粉细砂中出现了少量可见的间隙，而粗砂经过400倍放大以后镜头已经集中在一块单一的较大的粗砂砂粒上了，由此说明粗砂粒径确实大于砂卵石粒径，从粗砂砂粒表面可以看出，砂粒表面呈现普通砂石所具有的不规则性，并附着有少量微小颗粒。

从横向比较来看，两种砂卵石样品呈现出了两种截然不同的形态，而根据100倍电镜放大下的样品可以看出，在100倍电镜放大下，砂卵石1号样品和2号样品处于相似的状态，而在400倍电镜放大以后，两种样品呈现的状态出现了变化，更加表明了砂卵石样品的组成成分具有很大的非均质性。

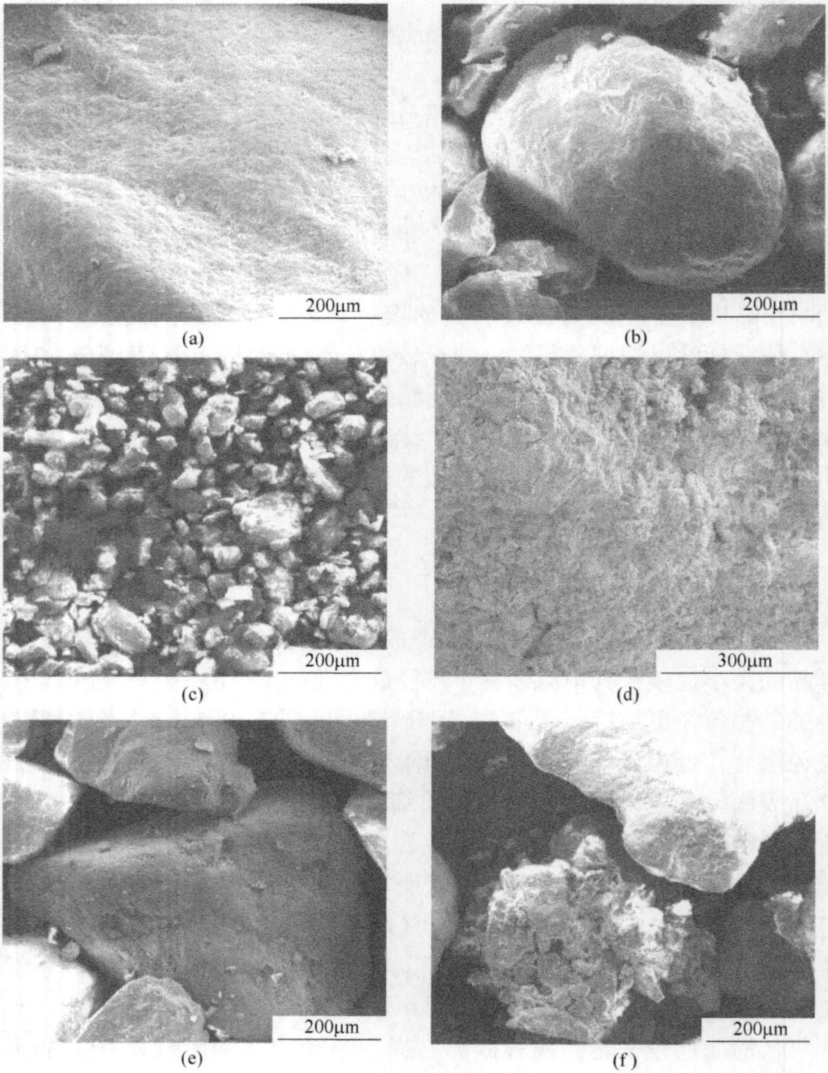

图 3.17　400 倍放大下的各类样品扫描图像对比

(a) 粗砂；(b) 细砂；(c) 粉细砂；(d) 黏土；

(e) 砂卵石 1 号样品；(f) 砂卵石 2 号样品

3.2.3.3 1000 倍电镜对比分析

由图 3.18 可以看出，1000 倍电镜放大下，粗砂、细砂以及砂卵石样品已经集中在一块砂粒上了，可以看出，四种样品表面均含有较多的细微颗粒，其中粗砂表面呈现多孔状，细砂表面几乎无孔状结构，而砂卵石样品表面所呈现的状态则更复杂，其中样品 1 表面孔状结构较少而样品 2 孔状结构较多，从细微颗粒来看，其中粗砂以及细砂的表面相对于砂卵石样品来说较少，且砂卵石样品表面的细微颗粒明显大小不一。而针对粉细砂以及黏土样品，两种样品在 1000 倍电镜放大下依旧呈现散状，说明粉细砂以及黏土样品砂粒粒径相较于砂卵石样品要小得多。从图中可以看出，粉细砂样品已经呈现颗粒状而不再是上一部分的粉状，可以看出粉细砂样品砂粒大小存在不规则形态，且粉细砂砂粒之间存在较为明显的间隙。而黏土样品在 1000 倍电镜放大下则依旧处于最初始的状态，可见土与砂之间存在着较大的差距黏土样品较为紧密，而 6 类样品砂粒之间存在一定的间隙。

从横向比较来看，砂卵石 1 号样品与 2 号样品表面的细微颗粒均为粒径差异较大的细微颗粒。针对粉细砂与黏土样品，可以看见粉细砂样品呈现出砂类样品共有的结石状，而黏土样品呈现粉堆状，而这一差距在没有通过电镜放大的情况下是较难发现的。

从微观角度来看，在 1000 倍电镜放大下，粗砂样品、细砂样品以及砂卵石样品表面都存在一定数量的微小颗粒，而各类样品粒径的直径大小从小到大分别为黏土、粉细砂、细砂、砂卵石砂粒、粗砂，而细微颗粒数量也随之而增加。

3.2.3.4 4000 倍电镜对比分析

由图 3.19 可知，在 4000 倍电镜放大下，粗砂样表面有清晰可见的附着物，且其表面粗糙，呈现不规则形状，而相较于 4000 倍电镜放大下的细砂样品，粗砂样品的表面呈现出的不规则性更加明显。针对细砂样品进行分析，细砂样品在 4000 倍电镜下砂粒表面所呈现的情况与 1000 倍电镜放大下有较大的差距，从图 3.19 中可以看出，细砂砂粒表面的附着物即细微颗粒已经很少见了，说明细砂样品表面存

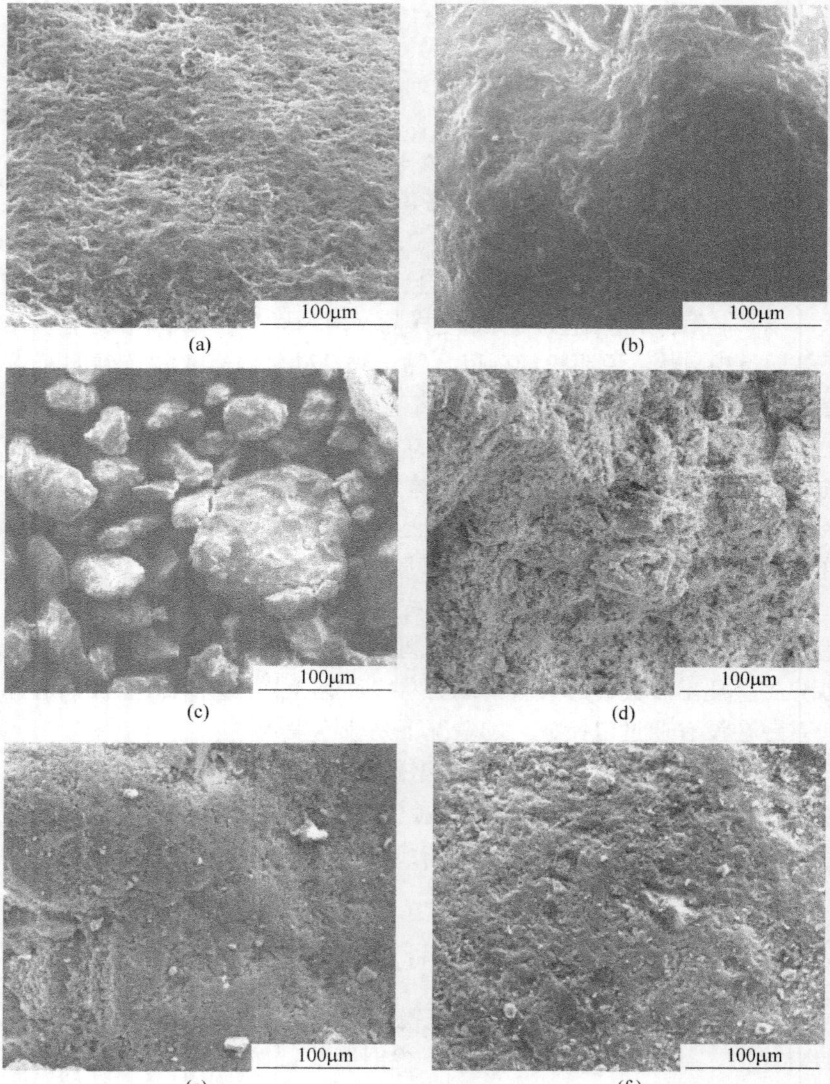

(a)　(b)　(c)　(d)　(e)　(f)

图 3.18　1000 倍放大下的各类样品扫描图像对比

（a）粗砂；（b）细砂；（c）粉细砂；（d）黏土；

（e）砂卵石 1 号样品；（f）砂卵石 2 号样品

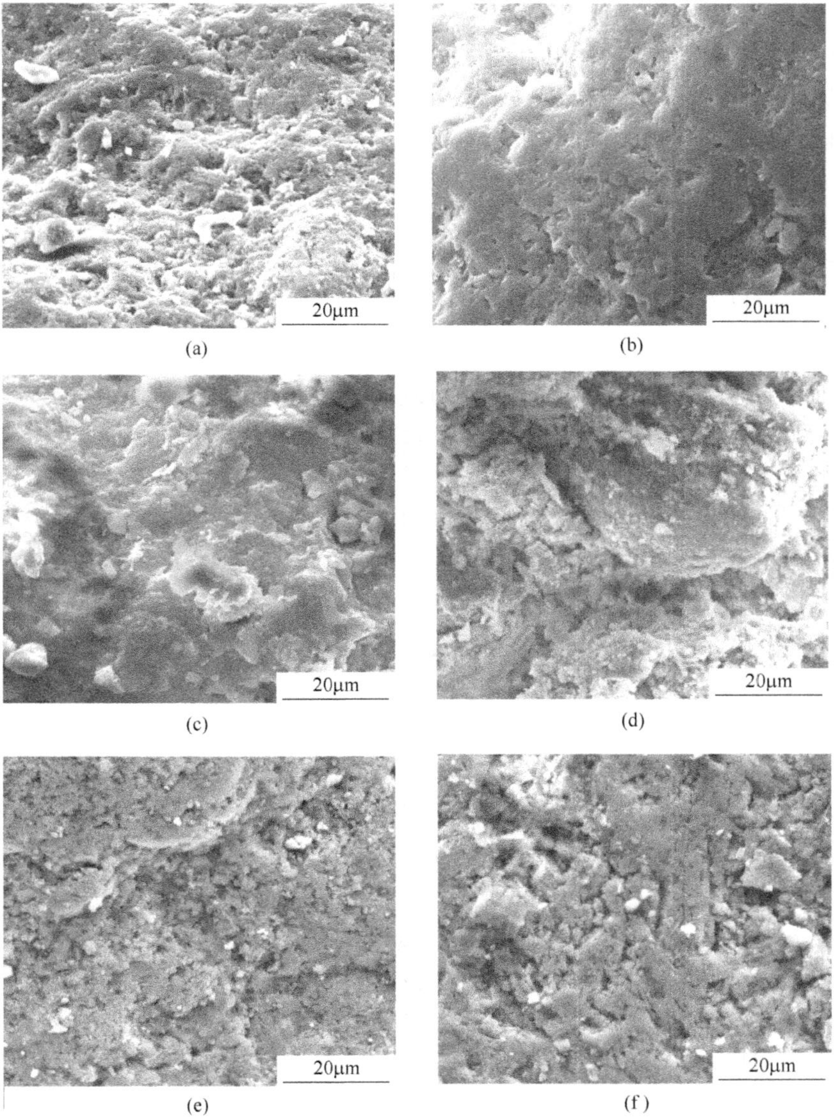

图 3.19 4000 倍放大下的各类样品扫描图像对比

（a）粗砂；（b）细砂；（c）粉细砂；（d）黏土；

（e）砂卵石 1 号样品；（f）砂卵石 2 号样品

在的细微颗粒数量要远小于粗砂样品，且细砂砂粒表面不规则程度相较于粗砂样品要更小。针对于两个砂卵石样品，可以看出两种样品表面呈现出大量的细孔，不具有规则性，同时也附着有大量的细微颗粒。而4000倍电镜放大下，细砂样品已经集中在单一砂粒上，其表面有较多的附着物，且其表面呈现不规则状态。针对在相同放大倍数下的黏土样品，可以看出黏土样品在图中并不是单一颗粒，表明黏土样品依旧处于堆积状态，表面呈现松散状。

从纵向比较来看，砂卵石样品砂粒表面与其他四种样品呈现出的状态开始出现比较大的差别，砂卵石样品表面有大量的细孔，而粗砂、细砂、粉细砂表面细孔较少且整体呈现有较高的黏聚力，而砂卵石样品表面则存在较多的裂缝。而黏土样品与砂类样品之间的差距则比较大，黏土样品属于松散型样品，而砂类样品始终保持着一定的形状，且表面较硬，其刚度与黏土样品相比较具有明显的优势。

从横向比较来看，在4000倍电镜放大下，砂卵石1号样品与2号样品之间存在着一定程度上的相似。

3.2.3.5 8000倍电镜对比分析

由图3.20可知，在8000倍电镜放大下的粗砂样品是粗砂砂粒中的很小的一部分，但在这个放大倍数下样品的表现状态与4000倍放大下的粗砂样品相差无几，表面存在较多的附着物。而细砂样品所呈现的状态与4000倍放大下依旧相差无几，其表面可以清晰地看见少部分细小的孔隙以及裂缝。而砂卵石样品在8000倍放大下的图片展示出与4000倍电镜放大下的砂卵石样品图存在一定的差距，可以看出，砂卵石样品表面呈现出一种松散状并附着有大量的细微颗粒。而在8000倍电镜放大下的粉细砂样品则呈现出较之前不同的状态，粉细砂表面呈现较多的附着物，且附着物呈现明显的不规则形态，相较于此，8000倍电镜放大下的黏土样品则与之前的黏土样品差距不大，依旧在图片中显示出膨松状和均质状。

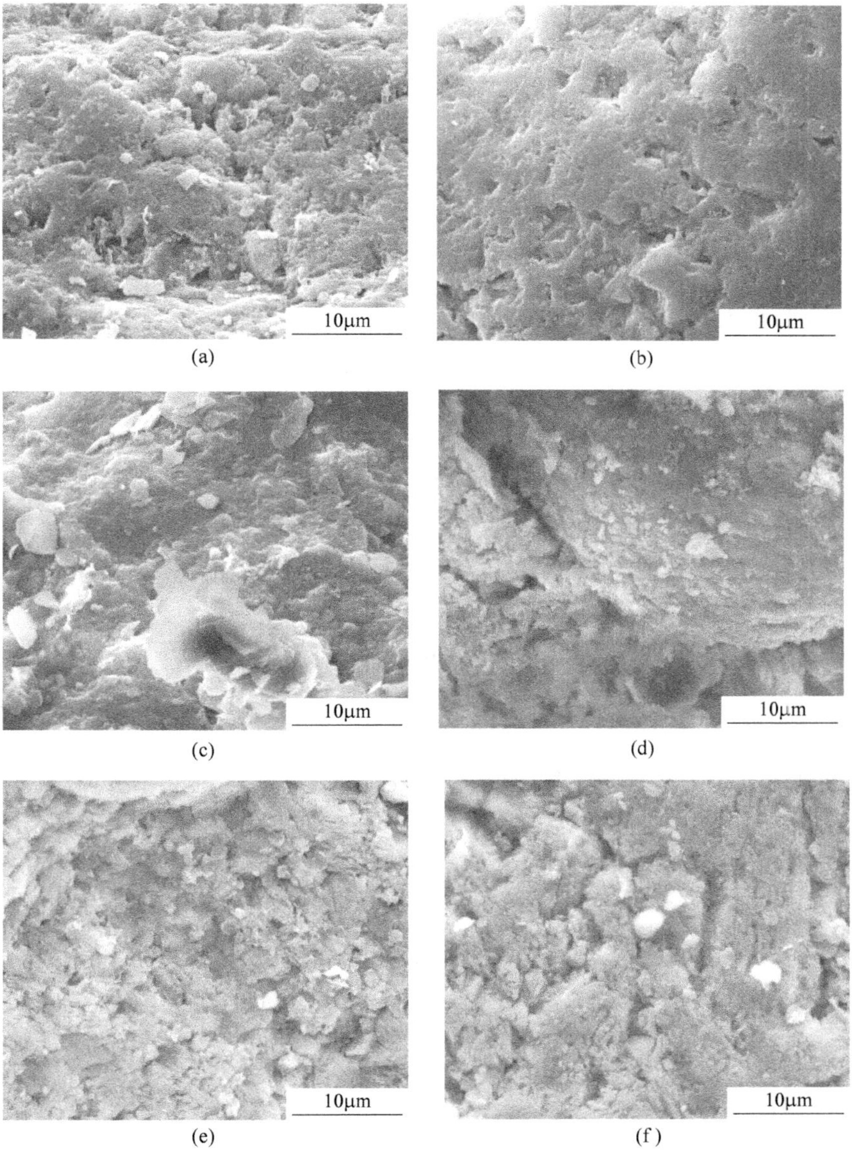

图3.20 8000倍放大下的各类样品扫描图像对比

(a) 粗砂；(b) 细砂；(c) 粉细砂；(d) 黏土；

(e) 砂卵石1号样品；(f) 砂卵石2号样品

从横向比较来看，两种砂卵石样品在 8000 倍电镜放大下表面差距呈现出的形态几近一致。而通过将黏土样品与各类砂石样品进行比较，可以发现黏土与砂石样品之间存在着较大的性质上的差异，在空间结构上也具有较大的差异。而通过在砂石样品内部进行比较可以发现，砂粒中，最大粒径的砂类样品是粗砂，最小的是粉细砂，砂粒表面细微颗粒最多的是粗砂样品，而砂卵石样品在放大之后砂粒呈现出较多的孔隙以及较大的松散性。

从纵向比较来看，可以看出在电镜放大倍数的不断增加之下，各类砂石样品呈现出来的状态是有较大差距的，而砂卵石样品性质的研究也是试验的重点。可以看出同样是砂类样品，细砂样品砂粒与砂卵石样品砂粒粒径最为接近。但在较高的放大倍数之后，可以明显发现较大的差距。

本章通过 CT 扫描实验获取了砂卵石样品中的物质组成及空间分布特征，分析了砂卵石样品的非均质性，卵石的粒径大小差别较大，较大卵石的尺寸往往可达较小卵石尺寸的数倍甚至十几倍，且卵石在砂中的分布较为离散。而后通过 SEM 电镜扫描实验，对获取的砂卵石、粗砂、细砂、粉细砂及黏土样品进行了对比分析，从形状上看，粗砂、细砂以及砂卵石样品的颗粒性状较为相近，均呈现小颗粒块状；而粉细砂及黏土样品由于粒径较小，大体呈松散状，成块不明显，从空间分布来看粗砂与砂卵石样品分布呈现无规则状态，粒径大小不一且无规则，而粉细砂与黏土分布较为均匀。

4　砂卵石岩土体非线性力学性质研究

4.1　实验介绍

直接剪切实验是用直接剪切仪（简称直剪仪）对土样做剪切试验，从而测定土抗剪强度指标的一种试验方法。实验中将土样置于直剪仪的固定上盒和活动下盒内。试验时先在土样上施加垂直压力，然后对下盒施加水平推力，上下盒之间的错动使土样受剪破坏。确定某一种土的抗剪强度通常采用 4 个土样，在不同的垂直压力作用下测出相应的抗剪强度。

实验原理如下：在压力室内装好试件以后，小主应力即周围压力开始施加，实验中试件排水固结（也可不固结），然后不同级别施加偏差应力，对试件进行剪切，直至试件破坏。剪切方法可以被分为两大类，第一类被称作排水实验，也就是说在剪切过程中从始至终打开阀门排水，让试件中的水和气体之类的孔隙流体能及时吸入或排出，使试件体积随之发生变化。另一类实验被称作不排水实验，该类实验在进行剪切的过程中对于饱和土试件的体积不能充分变化（有时气体虽不能排出，但体积会随着孔隙压力的变化而变化，例如非饱和土）或根本不能变化，试件内的孔隙水压力要发生变化。孔隙水压力可由孔压测量装置（传感器或水银计为零位计）直接测定。

本次实验采用的主要土工仪器为图 4. 1 所示的 DSZ-20 土工往复直剪仪，该仪器由江苏永昌科教仪器制造有限公司制造，用于测定土体的抗剪强度，通常可以对试样施加不同的压力，再施加剪切力进行剪切，求得破坏时的剪应力。根据库伦定律确定抗剪强度参数：内摩擦角和黏聚力。其主要技术指标见表 4. 1。

图 4.1　DSZ-20 土工往复直剪仪

表 4.1　DSZ-20 土工往复直剪仪技术指标

实验样品尺寸	*A*　ϕ61.8mm×*H*40mm *B*　100mm×100mm×40mm
施加垂直荷载范围/kN	0~20
施加水平剪力范围/kN	0~20
轴向变形量限制/mm	0~10
水平位移量限制/mm	0~50

4.2　调配砂卵石含水率

（1）测量原始样品含水率。取 3 份样品与 3 个铁盒，称量铁盒质量后，将样品装入铁盒容器中，再次称量后，放入烘箱中烘干 2h。之后取出，再次称量铁盒质量。计算原始样品含水率。记录数据见表 4.2。

表 4.2 原始样品含水率计算表

参　　数	1	2	3
铁盒质量/g	10.377	8.827	10.328
装样后铁盒质量/g	23.943	34.506	32.334
计算样品质量/g	13.566	25.679	22.006
烘干后铁盒质量/g	23.901	34.425	32.266
计算其中水的质量/g	0.042	0.081	0.068
计算含水率/%	0.309	0.3154	0.309

由表 4.2 确定原始样品含水率为 0.31%。

（2）调配含水率。由调试含水率计算公式计算添加水的质量，见表 4.3。

$$m_{水} = \frac{m_{土}}{1 + 原含水率} \times (目标含水率 - 原含水率)$$

表 4.3 调配含水率计算表

参　　数	1	2
取样质量/g	1040.98	1214.98
原含水率/%	0.31	0.31
欲调试含水率/%	5	8
需水量/g	48.67	93.14

在喷壶中装备足量的水，并称取此时喷壶质量为320.23g，使用喷壶将水均匀喷在承装在托盘中的砂卵石表面，之后称取喷壶质量并用刮板将砂卵石搅拌，反复此过程至添加足够的水，本次试验中先配置了5%含水率的砂卵石样品，故反复喷水搅拌至喷壶质量降至271.23g，配置8%含水率后，喷壶质量为178.70g。图4.2展示了部分调配完毕的砂卵石样品对比。

(a)

(b)

图4.2　0%含水率砂卵石(a)与8%含水率砂卵石(b)样品的对比

之后将配置好的样品用密封袋封装保存，并用湿毛巾包覆，防止其失水过多，之后于阴暗处密封保存12h。

(3) 12h后取少量样品，再次进行步骤（1）重复测试含水率。每式两份。重测过程如图4.3所示，记录结果见表4.4。

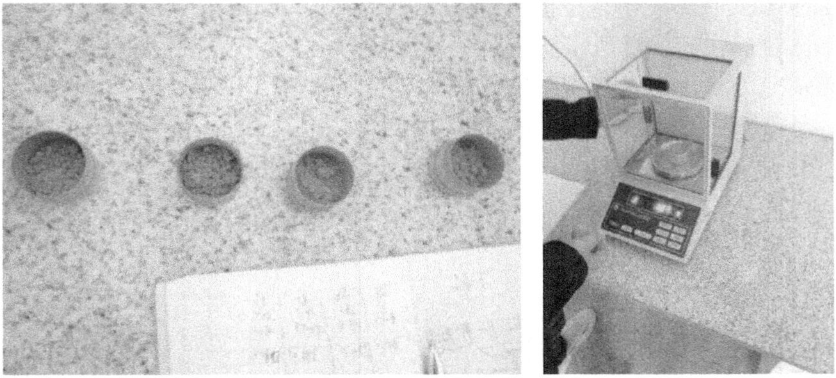

图4.3 重复测量调配的含水率

表4.4 砂卵石含水率测试表

参　数	5%第一组	5%第二组	8%第二组	8%第二组
铁盒质量/g	10.574	8.926	8.827	8.824
装样后铁盒质量/g	17.760	14.686	15.499	15.358
样品质量/g	7.186	5.76	6.672	6.534
烘干后铁盒质量/g	17.430	14.415	14.985	14.855
水的质量/g	0.330	0.271	0.514	0.503
计算含水率/%	4.6	4.7	7.7	7.7

由表4.4可以看出，所调配含水率基本达到所需要求。砂卵石样品干燥后，再加水，得到不同含水率的样品。获得了含水量分别为0%、5%和8%的砂卵石样品。

4.3　剪切实验过程

（1）称取样品重量。每次更换荷载或砂土种类后，需要对样品进行称量，保证每种样品在不同荷载下的样品质量相同。称量时先在电子天平上放置好容器，示数稳定后清零，再使用取样器将待测样品加入容器中，接近所需质量时，每次加入样品后应等待示数稳定，再视情况增减直至达到所需质量。

本次试验中所取质量为：粗砂 177. 0g、细砂 172. 5g、粉细砂 157. 0g、砂卵石（0%含水率）188. 0g、砂卵石（5%含水率）137. 6g、砂卵石（8%含水率）142. 8g。部分称重过程照片如图 4. 4 所示。

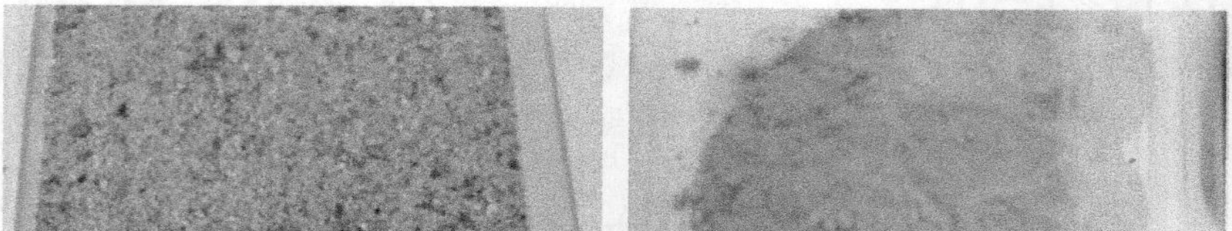

图 4. 4　试样样品展示及称量

（2）调整仪器并承装样品。将活动下盒固定于直剪仪上传动装置的对应位置，之后放置固定上盒并与活动下盒对准，插入固定销。放入下装样盒，向装样盒中心圆孔中依次放入一块透水石和一张滤纸，之后放入上装样盒，装入称量好的样品，磨平样品顶端，再于样品顶面上依次放置一张滤纸和一块透水石。之后在透水石上放置加压盖。转动固定上盒握柄上的活动螺母与直剪仪右端的固定端连接，之后清零竖向压力、横向剪力和剪切变形读数，部分实验步骤如图 4.5 所示。

（3）摇动转柄推进横向、竖向加载器，使其分别贴近于活动下盒握柄上活动螺母以及加压盖顶端，在此过程中应观察电脑上显示的传感器示数，若出现竖向压力和横向剪力则返回，即令其达到贴近但没力的状态。之后加上横向、竖向加载轴上的插销，并转动活动下盒上的螺母与横向加载轴连接（在连接过程中出现的横向剪力和剪切变形读数，应再次清零）。

（4）固定竖向变形传感器。旋转螺母使竖向变形传感器松动，将感应探头放置于竖向加压器上，压缩弹簧但不宜过紧，之后清零竖向变形读数。

（5）启动仪器，加载竖向荷载。本次实验采用 100kPa、200kPa、300kPa、400kPa 四个荷载，对应样品尺寸（直径 61.8mm，高度 40mm 的圆柱体）换算成力的单位后，加载力为 0.3kN、0.6kN、0.9kN、1.2kN。在加载过程中每隔 10s 记录一次数据。

（6）固结。待加至设定荷载后，不应关闭竖向荷载，保持设定载荷等待样品固结完毕。是否固结完成的判断标准为：受载样品 1h 前后的竖向变形不超过 0.005mm。

（7）剪切。待完成固结后，停止读数记录，移除固定上下承载盒的销子，调整记录数据时间间隔为 1s，剪切速率为 0.8mm/min。开始记录数据，开始进行剪切。剪切变形达到 5mm 视为完全破坏，剪切停止，剪切完毕后仪器外观如图 4.6 所示。

（8）导出记录数据，拆卸仪器及样品。

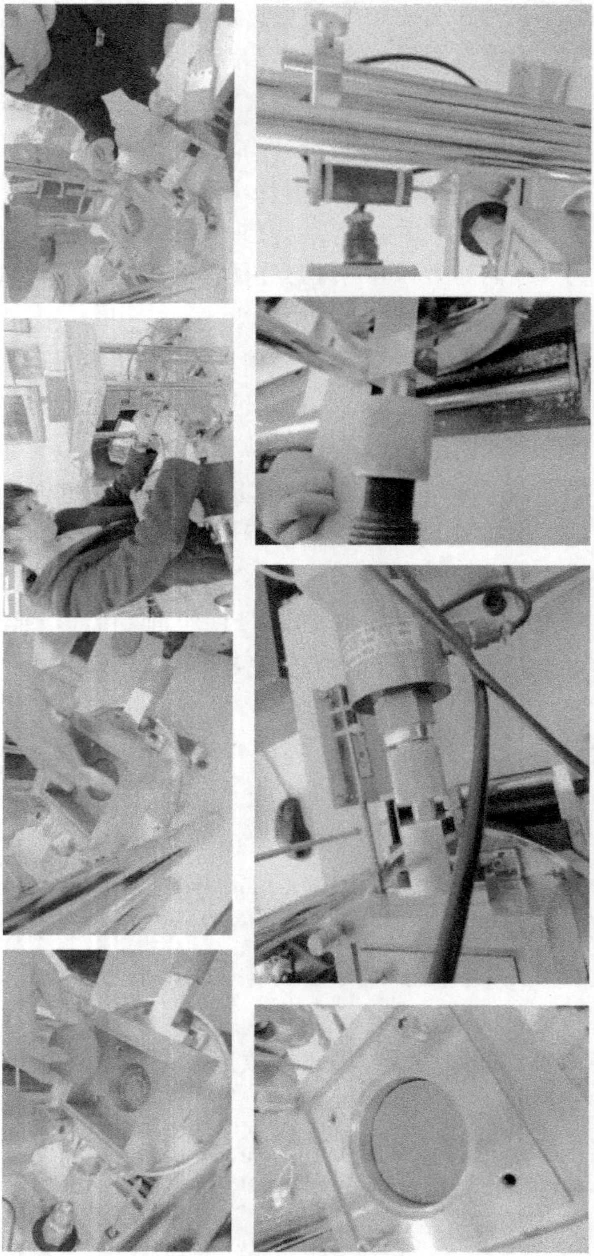

图4.5　直剪实验过程图

图 4.6 部分剪切完毕的样品及拆卸仪器

4.4 实验结果分析

本试验在 100kPa、200kPa、300kPa 和 400kPa 条件下，对砂卵石和其他试样在不同含水量的力学性能下进行了测试。在试验中，对同一种类、同一质量的样品分别进行了不同程度的加载。试样固结后，以 0.8mm/min 的横向速率进行剪切，当剪切变形达到 5mm 时停止剪切。应力-应变曲线如图 4.7 所示。

从图 4.7（a）~（c）中可以看出，含水量为 0%的砂卵石试样在 100~300kPa 的正应力作用下没有出现峰值，抗剪强度较小。当竖向荷载达到 400kPa 时，剪切强度出现峰值。在 100~300kPa 的正应力作用下，含水量为 5%时，虽然没有明显的峰值，但抗剪强度高于含水量为 0%时的抗剪强度；当含水量为 8%的砂卵石竖向荷载增加到 200kPa 以上时，抗剪强度出现峰值。在峰后阶段，部分砂卵石样的

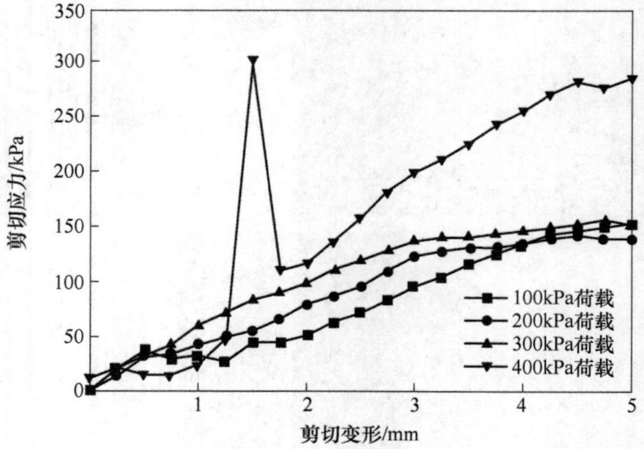

剪切应力/kPa
350
300
250
200
150
100
50
0
1
2
3
4
5
剪切变形/mm
100kPa荷载
200kPa荷载
300kPa荷载
400kPa荷载

(a)

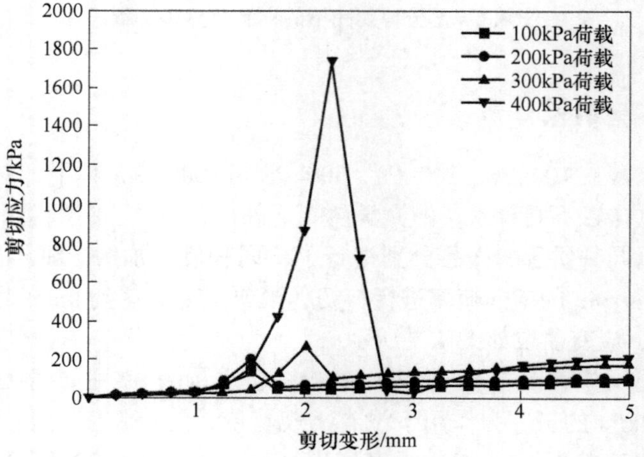

剪切应力/kPa
2000
1800
1600
1400
1200
1000
800
600
400
200
0
1
2
3
4
5
剪切变形/mm
100kPa荷载
200kPa荷载
300kPa荷载
400kPa荷载

(b)

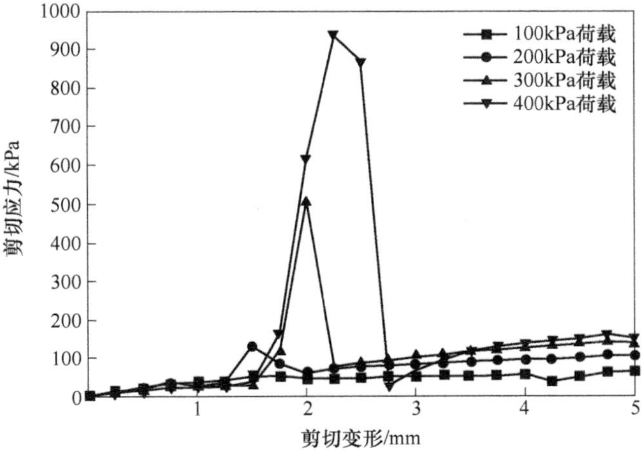
100kPa荷载
200kPa荷载
300kPa荷载
400kPa荷载
剪切应力/kPa
剪切变形/mm
0
100
200
300
400
500
600
700
800
900
1000
1
2
3
4
5

(c)

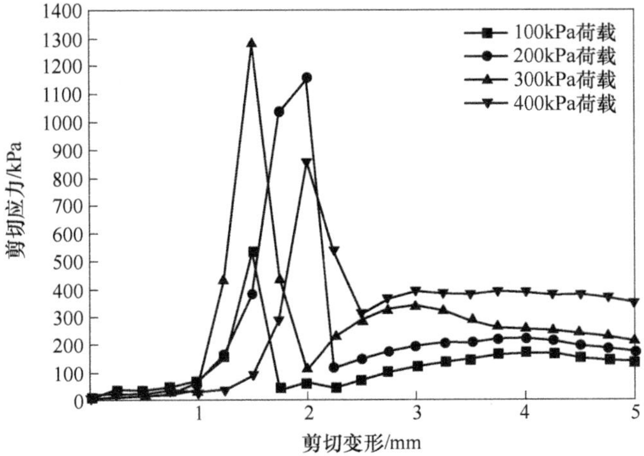
100kPa荷载
200kPa荷载
300kPa荷载
400kPa荷载
剪切应力/kPa
剪切变形/mm
0
100
200
300
400
500
600
700
800
900
1000
1100
1200
1300
1400
1
2
3
4
5

(d)

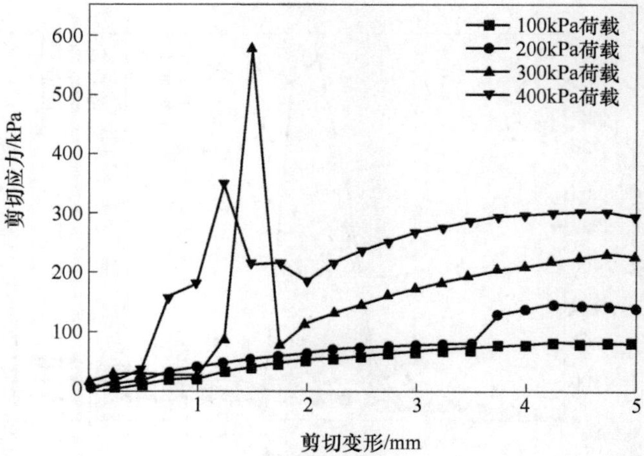

(e)

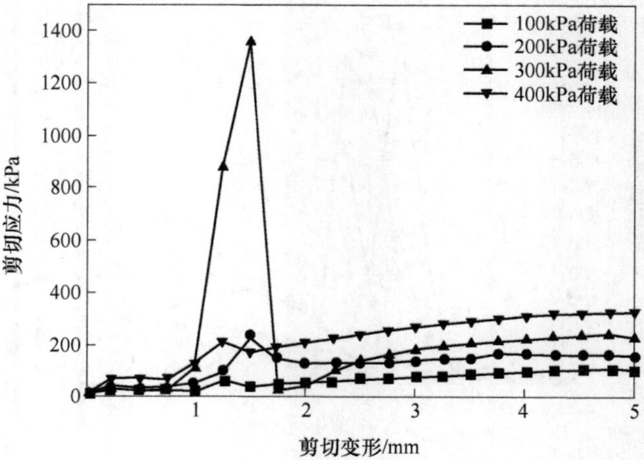

(f)

图 4.7　剪切应力-应变曲线

(a) 0%含水率的砂卵石；(b) 5%含水率的砂卵石；
(c) 8%含水率的砂卵石；(d) 粗砂；(e) 粉细砂；(f) 细砂

剪应力并不是逐渐趋于平缓，而是不断增大或出现次峰值。产生这一现象的原因在于适量水的加入使5%含水率的砂卵石样品中的砂土黏结性或内摩擦角增强，受载情况下砂卵石样品更加稳固，因此5%含水率的砂卵石样品较0%含水率的砂卵石样品其剪切破坏所需的剪应力更大。而越来越大的竖向荷载也对样品产生了影响，使其砂土和卵石结合得更加紧凑，这一点也从图中高载荷曲线中整体更大的剪应力得到了印证。当竖向载荷达到400kPa时，可以看出其出现了较为明显的剪应力峰值，且其峰值大小要远大于0%含水率的砂卵石样品在400kPa荷载下产生的剪应力峰值。而8%含水率砂卵石样品所出现的剪力峰值也基本大于5%含水率砂卵石样品（5%含水率垂直荷载400kPa除外）。

由图4.7（d）可以看出，粗砂试样在各级荷载作用下剪应力峰值明显，随荷载的增大先增大后减小，但总体变化不大。结果表明，粗砂试样的力学性能相对稳定。粉细砂和细砂样品的应力-应变曲线如图4.7（e）和（f）所示。由图可以看出，粉细砂样品在较低的载荷时，由于其最为明显的均质性和较小的颗粒粒径，在剪切过程中并不会出现较为明显的峰值即较为明显的破坏，而随着竖向载荷的加大，粉细砂样品逐渐出现了较为明显的剪应力峰值，这是由于竖向载荷的加大，粉细砂颗粒之间变得紧实致密，甚至开始出现固结成块现象，所以在图中可以看出随着竖向载荷的加大，在剪切过程中粉细砂样品出现峰值的所需的剪切位移越来越小。细砂样品与粉细砂的物理性质较为接近，剪切应力应变曲线和粉细砂比较相似，仅在较大载荷下出现峰值剪应力，表现出较为稳定的力学性能。

对于砂卵石样品，离散性使得其力学性质波动较大。比如5%含水率的砂卵石在垂直荷载400kPa下的剪应力峰值很高，达到2000kPa，但是在相同含水率下且垂直荷载为300kPa时，剪应力峰值仅有250kPa左右，峰值的跌落非常明显。同样，8%含水率的砂卵石在400kPa的垂直荷载下虽然只有1000kPa的剪应力峰值，低于同等垂直荷载下5%含水率的砂卵石样品，但是其在300kPa荷载下具有的500kPa剪应力峰值又高于同等荷载下的5%含水率的砂卵石。此外，0%含水率的砂卵石在剪切峰后仍在持续上涨，尤其是在400kPa

的荷载下。这些现象均证明了砂卵石样品由于块度的不一，具有较强的离散性。另外，由于土的剪切实验具备不可重复性，每次剪切实验均需添加新的砂卵石样品进行剪切，因此在本次试验中，造成5%含水率的砂卵石样品在400kPa荷载下表现出强峰值的原因可能是多样的，比如：在400kPa荷载下添加的砂卵石样品中，卵石含量较其他荷载下的样品更高或者卵石粒径较其他荷载下的样品更大等。

但是值得注意的是，尽管峰值强度表现出了很明显的离散性，各样品的残余强度却基本吻合“随着法向荷载的增大，残余强度逐渐增大”的规律。实际上，土的残余强度在土体工程特性评价、地下工程稳定性分析与设计及老滑坡体的稳定性评价等研究中也具有一定的意义。而值得注意的是，在本书测试的样品中，除过0%含水率的砂卵石样品在100kPa下的测试结果以外，包括其他含水量下的砂卵石样品、细砂样品以及粗砂样品在内的其余样品的最终峰后残余强度具有随荷载变化的明显规律，随着法向荷载的增大，峰后残余强度均增大。

计算得到不同含水量下砂卵石样品和其他土样的力学参数见表4.5。砂卵石土样的内摩擦角范围为27°~40°，明显大于其他土样，其内摩擦角随含水量的增加而增大。由于现场砂卵石含水率为5%，本书砂卵石试样的内摩擦角可确定为30°。

表4.5　土壤样品力学参数

土样类别	内聚力/kPa	内摩擦角/(°)
0%含水率的砂卵石	10	27
5%含水率的砂卵石	0	30
8%含水率的砂卵石	0	40
细砂	10	8
粉细砂	0	20
粗砂	0	22

本章通过含水率的测试和调配获取直剪试验所需样品，并通过室内剪切试验获取了所取土壤样品的剪切应力-应变曲线。5%含水率的砂卵石样品在 100kPa 到 300kPa 竖向荷载的剪切过程中，尽管同样没有表现出明显的峰值，但剪应力要整体高于 0%含水率的砂卵石样品，可能是由于含水率的增高导致砂卵石砂土黏结性增强，当竖向载荷达到 400kPa 时，出现了较为明显的剪应力峰值，且远大于 0%含水率对应剪应力峰值，8%含水率的砂卵石样品在竖向荷载加至 200kPa 以上时，剪应力的峰值已经出现。整体上砂卵石样品的力学性质受含水率影响较大，且稳定性差于其他样品。

5　砂卵石地层地铁近接交互作用及影响因素

在影响地铁隧道围岩稳定性的主观人为因素中，除去开挖方式的选择，隧道尺寸的设置、地铁近接施工间的距离也在发挥着重要的作用。因此本章在结合第3、4章结论的基础上，对岩土体的力学性质、隧道硐径以及隧道近接距进行正交分析，以地表沉降值及地表沉降范围为围岩稳定性的判断依据，定量研究各因素的影响效应及其重要程度。

5.1　单线地铁模型的构建与验证

以新机场线工程区段的实际情况为原型，建立了地铁施工空间的几何模型。在模型中，X方向是隧道的横截面方向，Y方向是隧道的前进方向，Z方向是垂直方向。隧道直径9.04m，埋深15m，开挖长度为16m，考虑边界效应对数值模拟的影响，模型尺寸应至少为开挖体模型尺寸的5倍，因此本模型X方向取51m，Y方向取64m，Z方向取50m。根据试验成果和现场勘探，模型设定的地层分布及力学参数见表5.1，模型施工如图5.1所示（为了展示的直观，所示模型Y方向长为16m，即仅展示了Y方向上隧道开挖段部分的模型）。

表5.1　地铁单线数值模型中使用的参数

土层名称	土层厚度/m	密度/kg·m^{-3}	体积模量/MPa	剪切模量/MPa	内聚力/kPa	内摩擦角/(°)	泊松比
填充土	1.5	1850	12.68	6.89	10	8	0.27
粉细砂	3.5	1940	37.88	19.53	0	20	0.28
沉积粉土	5	1940	27.08	12.50	19	30	0.3
细砂	3.5	1850	56.82	29.30	0	30	0.28
粉土	13.5	1970	54.35	29.53	21	33	0.27

续表 5.1

土层名称	土层厚度/m	密度 /kg · m^{-3}	体积模量 /MPa	剪切模量 /MPa	内聚力 /kPa	内摩擦角 /(°)	泊松比
砂卵石	8	1950	68.18	35.16	0	30	0.28
粉土	15	2030	148.81	102.46	0	40	0.22

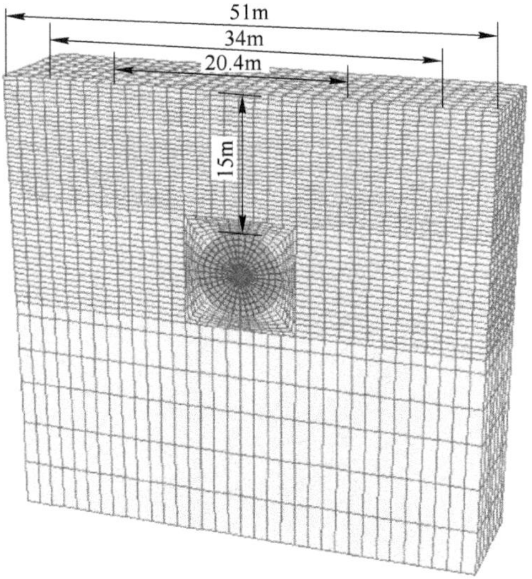

图 5.1 砂卵石地层地铁施工单线数值模型

为模拟真实施工情况，采用开挖运算 200 步后施加支护压力，用来模拟开挖后到支护好之间的滞后时间，支护压力比为 0.8。

$$支护压力比\ \lambda = \frac{支护压力}{地层压力}$$

因为工程现场采用先在一侧施工，待一侧施工完毕后再在另一侧施工的施工方法，尚未完全施工完毕。为此，本书首先建立了单线施工模型，对其引起的地表沉降进行了分析，并与现场实测结果进行对比，验证模型和参数的正确性。在此基础上，建立了双线相邻地铁模型，对双线相邻施工引起的地表沉降进行了分析。

模型建立后，监测线的布设与工程现场一致。根据地表开挖隧道的中心断面，沿开挖方向两侧每隔 3. 2m 布置一条位移监测线，模型 Y 方向全线共设位移监测线 21 条，以隧道上部中心为中点，监测线上两侧每隔 5m 设置一个监测点，共计监测点 147 个。

根据数值模拟计算的地表沉陷结果，绘制出地铁单线开挖模型在开挖后的地表沉降模拟曲线。而由于获取的现场数据为开挖隧道正上方的沉降值数据，因此仅选取数值模拟中长为 16m 的开挖隧道正上方的 5 条监测线数据绘制曲线，在结合数值模型的对称性后，只展示对称轴一侧的三条监测线数据，沿隧道横截面方向的 3 条监测线沉降曲线如图 5. 2 所示。

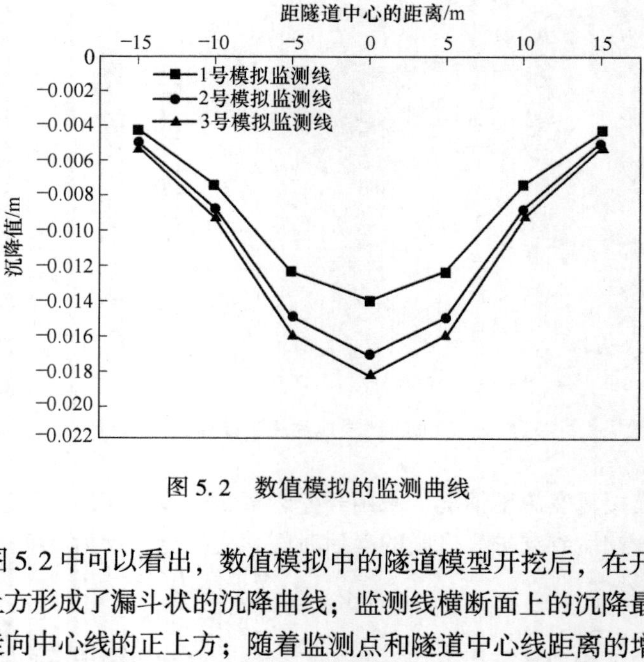

图 5. 2 数值模拟的监测曲线

由图 5. 2 中可以看出，数值模拟中的隧道模型开挖后，在开挖隧道模型正上方形成了漏斗状的沉降曲线；监测线横断面上的沉降最大值处于隧道走向中心线的正上方；随着监测点和隧道中心线距离的增大，沉降量逐渐减小，开挖隧道空间中心正上方的沉降值最大，达到了 18mm。

以胡茂兴[53]提供的相关工程施工监测数据为基准，将实测断面沉降值与模拟断面沉降值对比，通过判定模拟沉降值是否处于现场实测沉降值的范围中来验证所建数值模型及采用参数的准确性和客观性。如图 5. 3 所示，将数值模拟沉降曲线与实测沉降曲线放于同一坐

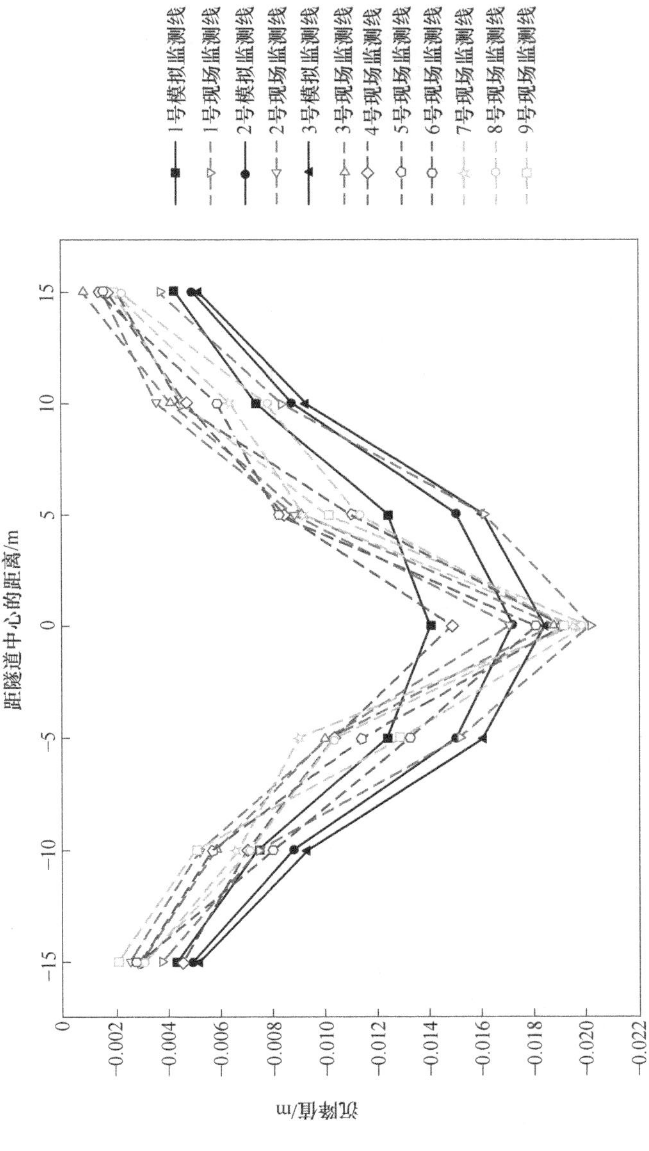

图5.3 砂卵石地层地铁开挖数值模拟与现场实测地表沉降值的对比

标中。可以发现，现场实测的沉降曲线在横向上呈近似 V 字形，与数值模拟结果类似，最大沉降量同样出现在隧道中心线上，且数值模拟沉降值与实测沉降值大小相近、形状相似。这说明数值模型较好地还原了工程现场情况，所测取的参数具有合理性及准确性，可用于后续同工程背景下关于双线施工的研究。

5.2 近接地铁空间数值模型建立

由于目前新机场线另一侧线路尚未开始施工，无法获取双线实测数据，因此本章采用前文已验证成功的模型参数，建立新的数值模型，对双线施工工程造成的地表沉降及其影响因素做预测分析。

以双线相邻地铁 TBM 施工为原型，建立相邻地铁空间几何模型。为将边界效应的影响降到最小，计算模型的边界长度为 180m，深度为 60m。计算模型的应力边界条件为：上表面为无约束自由表面，左右两侧的水平位移受约束。约束前、后端面的水平位移，约束底边界的水平位移和垂直位移。模型建立后，根据试验方案，从地表到隧道拱顶每隔 2m 布置一条位移监测线，每条线上每隔 4m 布置一个监测点。同时，在隧道中线每隔 3m 布置一个监测点。近接地铁空间数值模型和监测点布局如图 5.4 所示。

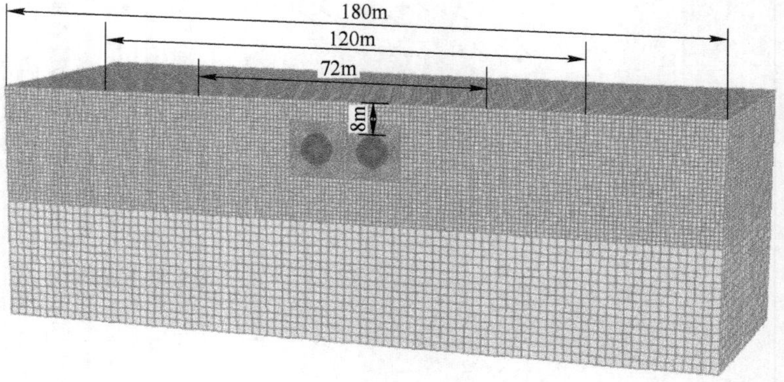

图 5.4 数值模拟与现场实测的对比

为模拟实际施工情况，在开挖作业200步后施加支护压力，支护应力与地应力之比为0.8。由于本书主要讨论隧道双线开挖对地表位移和围岩变形的影响，应尽量减少其他因素的影响，因此本书不考虑地下水的影响。此外，考虑到埋深较浅，模型只考虑了自重应力，而不考虑构造应力状态。

5.3 地铁近接效应影响因素的确定

5.3.1 近接施工与单线的区别

以隧道直径8m，间距12m的方案为例。根据同一地层力学参数，建立了间距为12m的直径为8m的单线模型和直径为8m的双线模型，在同一坐标系下绘制了单线模型和双线模型的地表沉降曲线，分析了地铁隧道间距对地表沉降的影响。

在图5.5中，蓝色曲线代表数值模拟中左线单隧道开挖造成的地表沉降曲线，绿色曲线代表数值模拟中右线单隧道开挖造成的地表沉降曲线，两隧道位置沿 $x=0$ 对称。红色曲线是左右两线隧道沉降值叠加的结果，黑色曲线则是数值模拟中左右双线隧道同时开挖造成的地表沉降曲线。

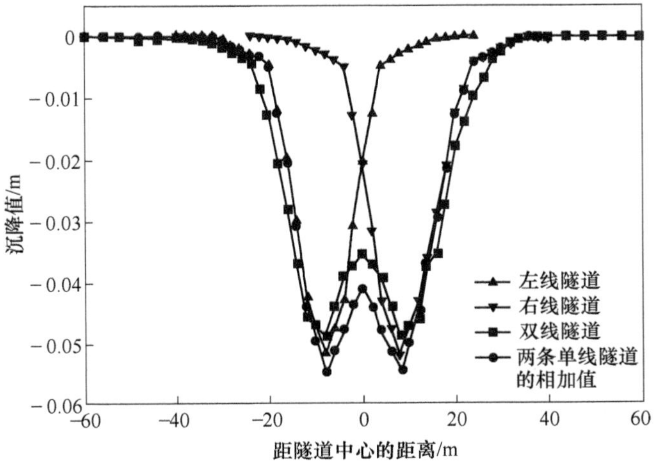

图5.5 间距为12m，隧道直径为8m时的沉降对比

由图 5.5 可以看出，双线沉降变形并不是简单地用两条单线沉降剖面的叠加来表示，而是它们相互作用的结果。最大沉降值位于隧道正上方，但双线两侧的沉降值大于单线。同时，双线的影响范围远大于单线。当隧道直径为 8m，间距为 12m 时，双线的影响范围比单线大 4m。而对于近接地铁施工造成的地表沉降来说，近接距和硐径是最主要的影响因素，本书主要针对这两种因素是否对地表沉降造成的影响进行了研究。

5.3.2　近接距对地表沉降的影响

以硐径为 8m 为例，分别建立近接距为 3m、6m、9m、12m、15m、18m、21m、24m、27m、30m 的双线隧道模型得到地表沉降数据如图 5.6 所示。

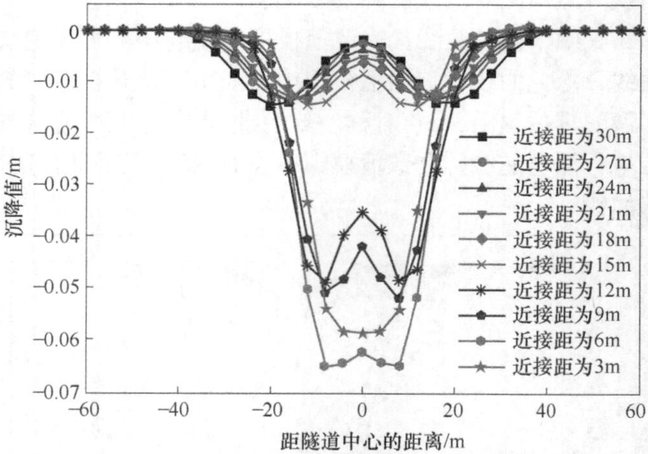

图 5.6　硐径 8m 时双线沉降随近接距的变化规律图

由图 5.6 可以看出，在硐径为 8m 的情况下，当近接距为 3m 时，沉降曲线整体呈现是一个 U 形。而当近接距达到 6m 时，沉降曲线开始向 W 形转变，且造成了更大的地表沉降。随着近接距的增大，沉降曲线逐渐收缩，沉降值持续减小。值得注意的是，当近接距离小于 12m 时，沉降较为剧烈，但是近接距离大于 15m 后，沉降迅速变得缓和，与近接距离在 12m 以下时差异明显，最大沉降仅是近接距离 12m 以下时的 0.25 倍。在近接距为 12~15m 时沉降规律发生明显突变，可见近接距至少达到接近两倍硐径才能显著降低隧道的交互影响。

5.3.3 隧道直径对地表沉降的影响

以间距 12m 的方案为例。建立了直径为 6m、8m、10m、12m、14m 的双线相邻地铁模型。地表沉降数据如图 5.7 所示。

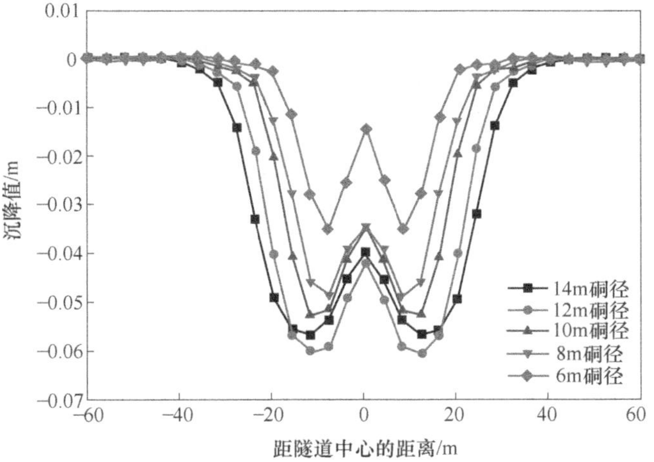

图 5.7 双线沉降随隧道直径的变化

由图 5.7 可以看出，地表沉降曲线随硐径的变化明显且规律清晰，当硐径小于 12m 时，沉降值随着硐径的增大而逐渐增大，对于大于 5mm 的沉降值，其范围同样逐渐增大。而当硐径达到 14m，即几乎达到两倍近接距时，最大沉降值开始减小，沉降曲线产生向 U 形转变的趋势，对于大于 5mm 的沉降值，其范围仍逐渐增大。

5.4 近接影响因素的正交方案

考虑地铁近接工程中地表沉降的影响因素，将近接工程的影响因素分为几何因素和力学因素。几何因素主要包括隧道直径和近接距，力学因素则包括砂卵石层的侧限压缩模量、内摩擦角和内聚力。添加力学因素的原因在于，地铁工程跨度较长，并且砂卵石地层具有明显的非均质性，很难保证在整个工程段中的任意区段都具有较为相似的力学性质，因此在本节中将砂卵石地层的力学性质设置为变量。而在侧限压缩模量、内摩擦角和内聚力三者中，前两者的变化范围较大，但内聚力的变化范围很小且几乎为零，因此本书不对内聚力进行讨论。综上所述，本节以近接距、硐径、砂卵石侧限压缩模量以及砂卵石内摩擦角作为自变量，综合分析各因素对地铁近接施工地表沉降特征的影响。

如果采用均匀试验来考察各因素的影响程度，会产生方案数量多，计算烦琐等问题。因此，本节采用正交试验方案，对各因素做正交设计。考虑到试验方案的覆盖性、均匀性和可比性，结合资料收集，在本次试验中，砂卵石层侧限压缩模量取30~70MPa，内摩擦角取8°~40°，硐径取6~14m，近接距取3~15m之间。每个因素按5个水平设计（见表5.2）。以最大沉降差（地表中点位移最大值与地表沉降最大值之差）和开挖影响范围（两隧道中心点的沉降值与最大沉降值之差）作为评价指标，对监测结果进行了分析，见表5.3。

表5.2　表面变形影响因素的正交试验方案及结果

试验编号	硐径/m	近接距/m	侧限压缩模量/MPa	内摩擦角/(°)	最大沉降差/mm	影响范围/m
1	8	6	60	16	-14.38	18
2	14	3	40	16	-59.1	39
3	12	3	50	24	-49.39	33
4	6	6	70	24	-53.21	28
5	10	3	60	32	-58.49	27

续表 5.2

试验编号	硐径 /m	近接距 /m	侧限压缩模量/MPa	内摩擦角 /(°)	最大沉降差 /mm	影响范围 /m
6	8	9	50	32	-22.03	21
7	12	6	40	40	-54.92	26
8	14	6	30	32	-54.44	32
9	14	12	60	24	-44.48	38
10	12	12	70	32	-40.05	34
11	10	12	30	40	-38.86	30
12	8	12	40	8	-46.97	36
13	8	3	70	40	-51.69	27
14	12	9	30	16	-42.8	37
15	6	9	60	40	-24.89	23
16	6	3	30	8	-54.39	33
17	10	6	50	8	-50.98	36
18	14	15	50	40	-27.25	35
19	6	12	50	16	-37.22	24
20	10	15	70	16	-29.01	33
21	8	15	30	24	-23.21	29

续表 5.2

试验编号	硐径/m	近接距/m	侧限压缩模量/MPa	内摩擦角/(°)	最大沉降差/mm	影响范围/m
22	12	15	60	8	-25.48	31
23	14	9	70	8	-40.83	33
24	6	15	40	32	-34.49	22
25	10	9	40	24	-43.45	26

表 5.3 地表沉降变形影响因素正交试验的线性回归结果分析

变量	影响因素	线性回归系数		
		B	显著性	R^2
最大沉降差	硐径	-9.271	0.049	0.274
	近接距	2.576	0.093	
	内摩擦角	1.617	0.159	
	侧限压缩模量	0.469	0.602	
沉降影响宽度	硐径	2.040	0.000	0.665
	近接距	1.160	0.001	
	内摩擦角	-0.278	0.026	
	侧限压缩模量	-0.008	0.932	

5.5 正交试验结果分析

由图 5.8 和表 5.3 的数值正交分析结果表明，在砂卵石地层中开挖相邻地铁时，随着隧道直径和间距的增大，地表沉降带宽度明显增大，但随着隧道直径的增加（从 6m 到 14m），其沉降的增长率几乎达到间距（从 3m 到 15m）增长率的 2 倍。砂卵石地层的最大沉降差

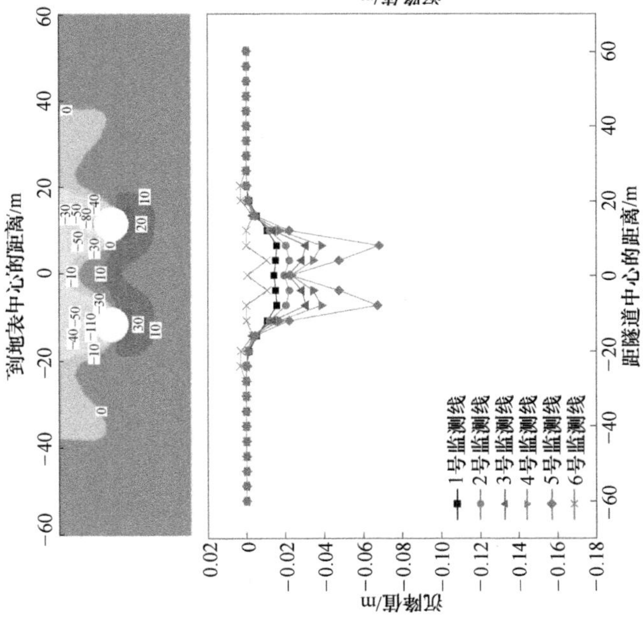
到地表中心的距离/m
沉降值/m
距隧道中心的距离/m
1号监测线
2号监测线
3号监测线
4号监测线
5号监测线
6号监测线

(a)

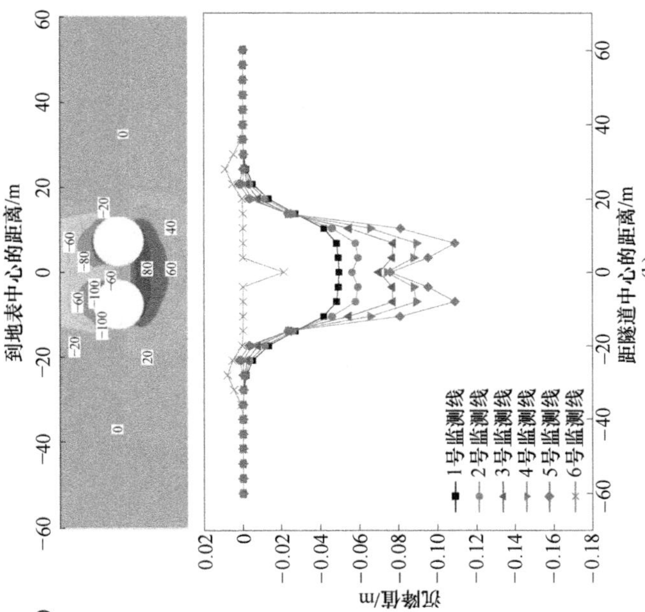
到地表中心的距离/m
沉降值/m
距隧道中心的距离/m
1号监测线
2号监测线
3号监测线
4号监测线
5号监测线
6号监测线

(b)

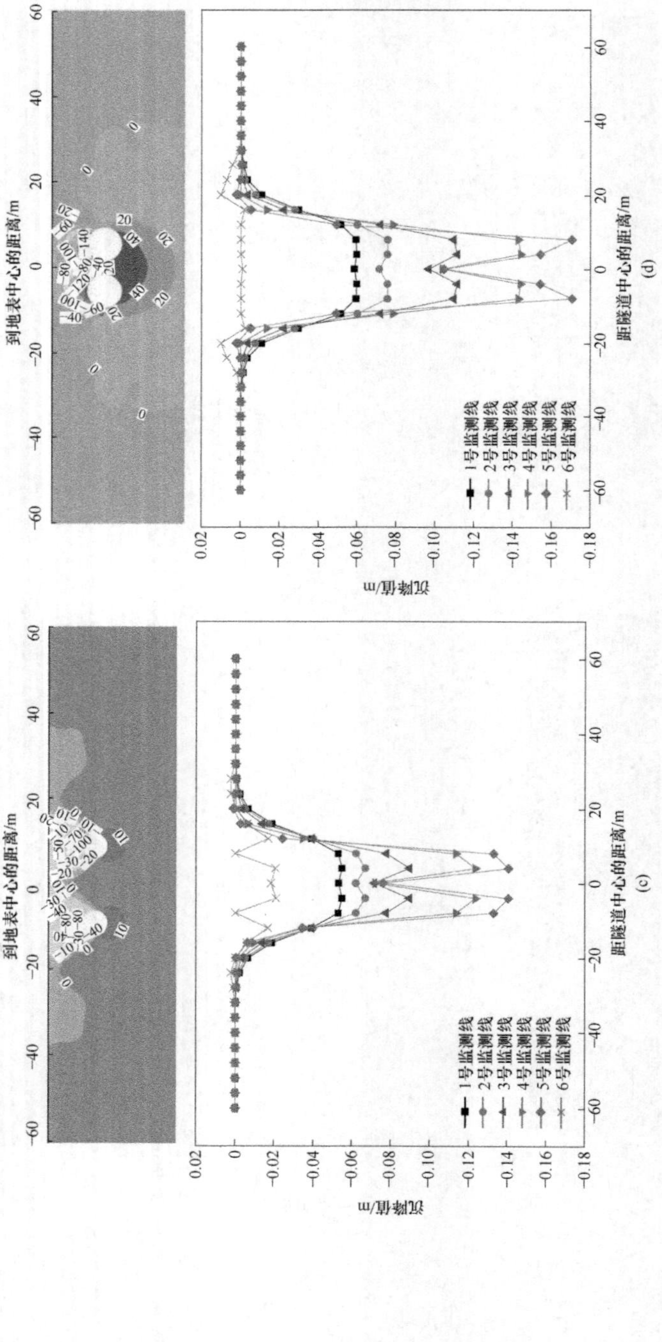

图 5.8 典型模型的沉降曲线

(a) 1 号实验；(b) 3 号实验；(c) 4 号实验；(d) 5 号实验

随隧道直径的增大而增大，随间距的增大而减小。正交线性分析表明，隧道直径对最大沉降差的影响远大于隧道近接距对最大沉降差的影响。最大沉降差随隧道直径的增大而增大。隧道直径对地表沉降的影响最大，其次是近接距、内摩擦角和侧限压缩模量。这些因素对沉降影响区宽度的影响与地表沉降相同。因此，在砂卵石地层中施工，隧道直径和间距对地铁开挖后的地表变形有很大影响。

对于双线相邻地铁的开挖，本章提出以最大沉降差（两隧道中心点的沉降值与最大沉降值之差）和开挖影响范围（沉降值大于5mm的宽度与两隧道距离之差）为指标来考察其影响程度相邻地铁的相互作用。数值正交分析结果表明，在砂卵石地层中开挖近接地铁时，随着隧道直径和近接距的增大，地表沉降影响宽度明显增大，但随着隧道直径增加（从6m到14m）的增长率几乎达到随近接距（从3m到15m）增长率的2倍。在砂卵石地层中开挖时，地表的最大沉降差随隧道直径的增大而增大，随近接距的增大而减小。正交分析表明，隧道直径对最大沉降差的影响远大于隧道近接距对最大沉降差的影响。最大沉降差随隧道直径的增大而增大，约为随近接距减小而增大速率的3.6倍。

6 地铁近接施工与监测方案优化

6.1 地铁近接开挖方案优化

6.1.1 水平近接开挖方案优化

当两近接隧道处于同一水平线左右分布时，存在两种施工方案，即分别开挖隧道或逐一开挖隧道，在模拟过程中使用如下方案代替：

（1）方案 A：首先开挖一侧隧道，之后对该隧道进行支护，支护完毕后再开挖另一隧道，开挖及支护过程与上一隧道相同，最后得到地表位移，本节模拟中先开挖的隧道为位于右侧的隧道。

（2）方案 B：两个隧道同时进行开挖，之后同时对两隧道进行支护，计算得到地表位移。

以现场地铁双线隧道盾构施工为原型，构建地铁近接空间几何模型，为尽量减小边界效应的影响，计算模型中硐径尺寸为 8m，近接距为 6m，计算边界长度取 180m，深度范围为由地表到 60m 深。对两方案模拟后位移如图 6.1 所示。

由图 6.1 可以看出，随着地层深度逐渐加深，竖直方向上的沉降值逐渐增大。竖直方向上的最大位移基本位于两条隧道的正上方，在两条隧道的两边，随着距离隧道中心的距离的增大，沉降值逐渐减小。在两条隧道的中间点位置，地层越深，沉降值与最大位移值差异越明显。考虑到这一差异仅在双线隧道近接时才存在，而且随各因素变化显著，故而可以用来描述两条隧道的相互影响程度。因此本书以最大沉降差和开挖影响范围来考察两种方案的优劣。

因在上述两方案中左侧隧道两种方法支护完毕后所经历时间不同，不具有参考价值，而右侧隧道从开挖到支护完毕经历了同样的过

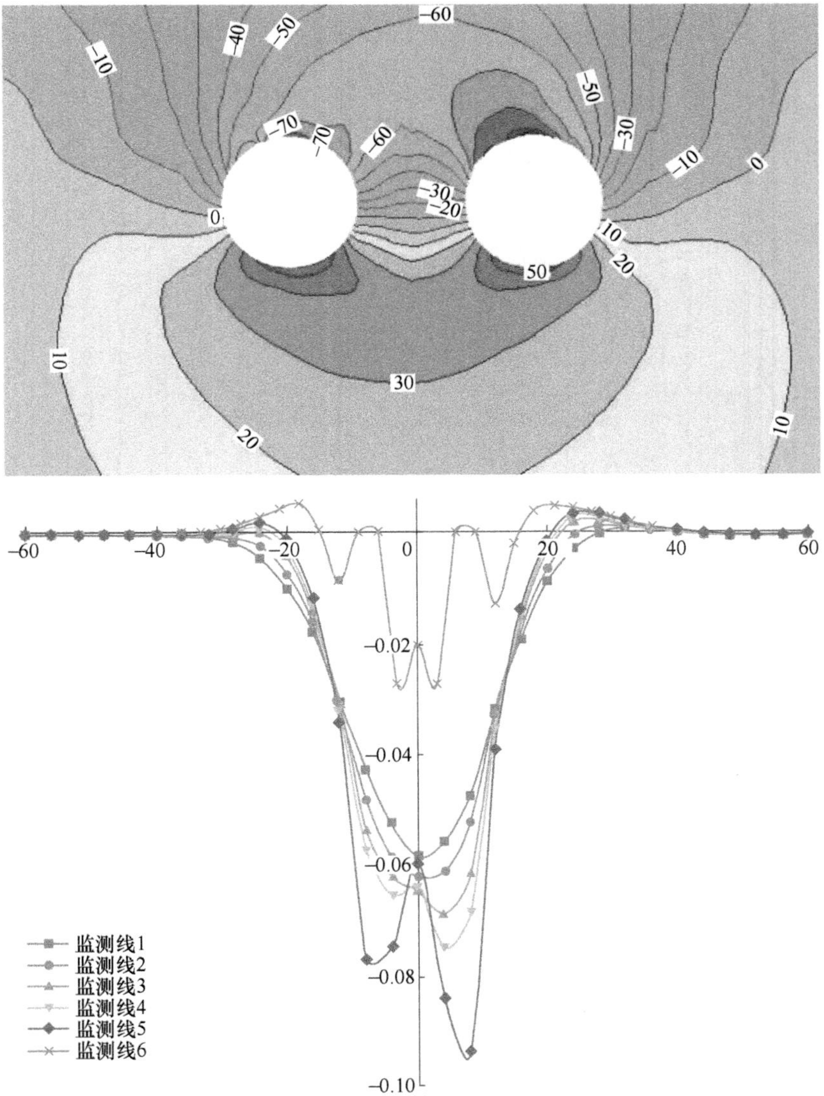
-60
-40
-50
-10
-50
-30
-70
-70
-60
-10
0
-30
-20
0
10
20
50
10
30
10
20
-60
-40
-20
0
20
40
60
-0.02
-0.04
-0.06
-0.08
-0.10
监测线1
监测线2
监测线3
监测线4
监测线5
监测线6

(a)

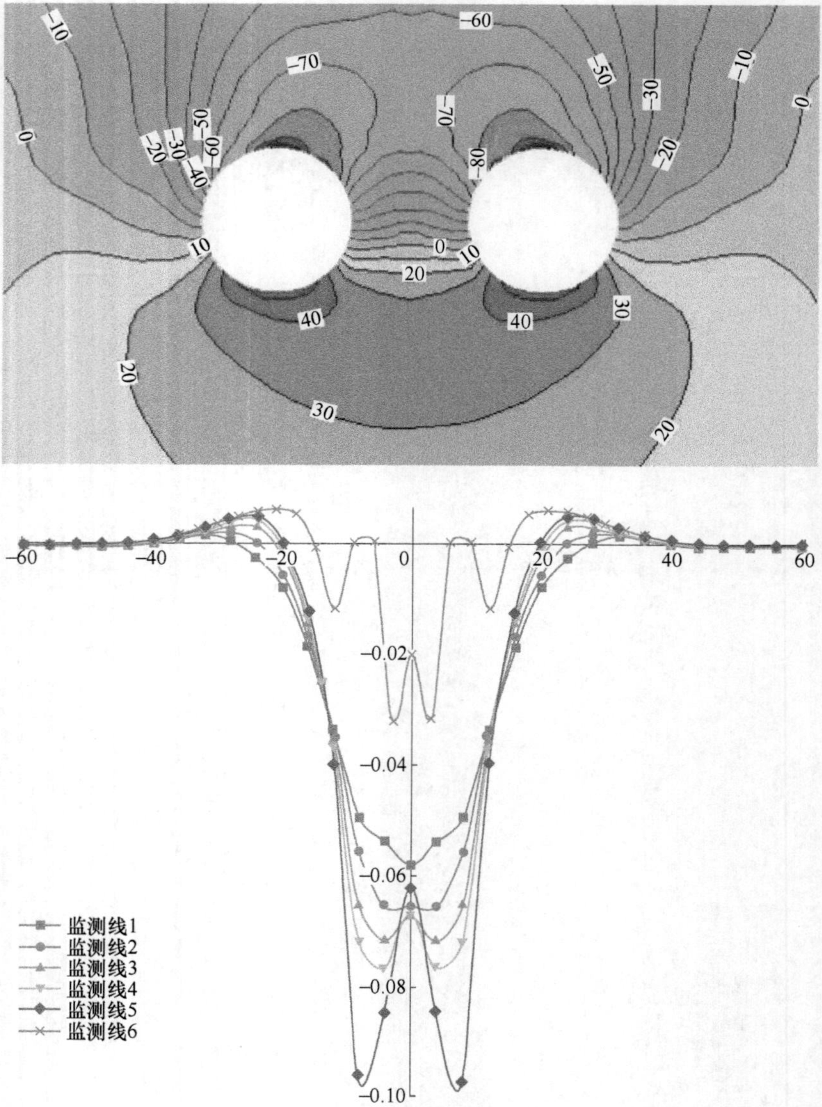

(b)

图 6.1 地铁水平近接方案模拟结果

(a) 方案 A；(b) 方案 B

程与时间，故只对右侧隧道附近的沉降值进行对比来比较两方案的合理性。通过对比两方案模拟结果可以发现，方案A左右两侧隧道的沉降值是不对称的，而方案B左右两侧隧道的沉降值是对称分布的，方案A地表最大沉降值在95mm左右，方案B地表最大沉降值在100mm左右，方案A的最大沉降差均小于方案B，由于两方案中右侧隧道开挖后经过相同的时间，而方案A中的沉降值是小于方案B的，这说明方案B中造成的近接交互作用更加剧烈；且方案A的开挖影响范围为44m，而方案B的开挖影响范围为46m，方案A开挖影响范围略小于方案B；综上，对于水平左右两隧道近接施工方案，采取先开挖一个隧道，待该隧道支护完毕后，再开挖另一个隧道并进行支护的方案比较合理。

6.1.2 垂直近接开挖方案优化

当两近接隧道不处在同一水平线，呈上下分布时，存在三种施工方案（见图6-2）：

（1）方案A：先开挖上方隧道，之后对上方隧道进行支护，再开挖下方隧道，开挖及支护过程与上一隧道相同，得到地表沉降。

（2）方案B：先开挖下方隧道，之后对下方隧道进行支护，再开挖上方隧道，开挖及支护过程与上一隧道相同，得到地表沉降。

（3）方案C：两个隧道同时进行开挖，同时支护两隧道，得到地表沉降。

由图6.2可以看出，随着地层深度逐渐加深，竖直方向上的沉降值逐渐增大，距地表越深的地层，沉降值越大。竖直方向最大位移基本位于隧道中心位置，随着距离隧道中心的距离的增大，沉降值逐渐减小。隧道中间点的位移为最大沉降值，以最大沉降值和开挖影响范围来考察三种方案的优劣。

通过对比三种方案的位移图可以看出，对于最大沉降值，方案B的最大位移是最小的，在90mm左右，方案A次之，为110mm左右，方案C的最大位移值是最大的，为125mm左右；再对比开挖影响范

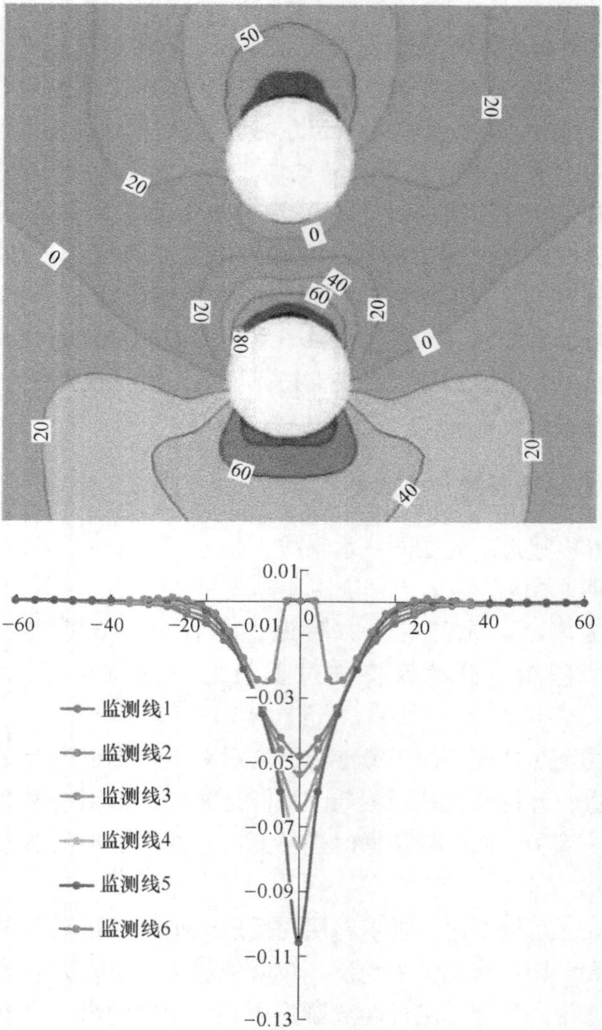
50
20
20
0
0
40
60
20
20
80
0
20
60
40
20
0.01
−60
−40
−20
−0.01
0
20
40
60
−0.03
−0.05
−0.07
−0.09
−0.11
−0.13
监测线1
监测线2
监测线3
监测线4
监测线5
监测线6

(a)

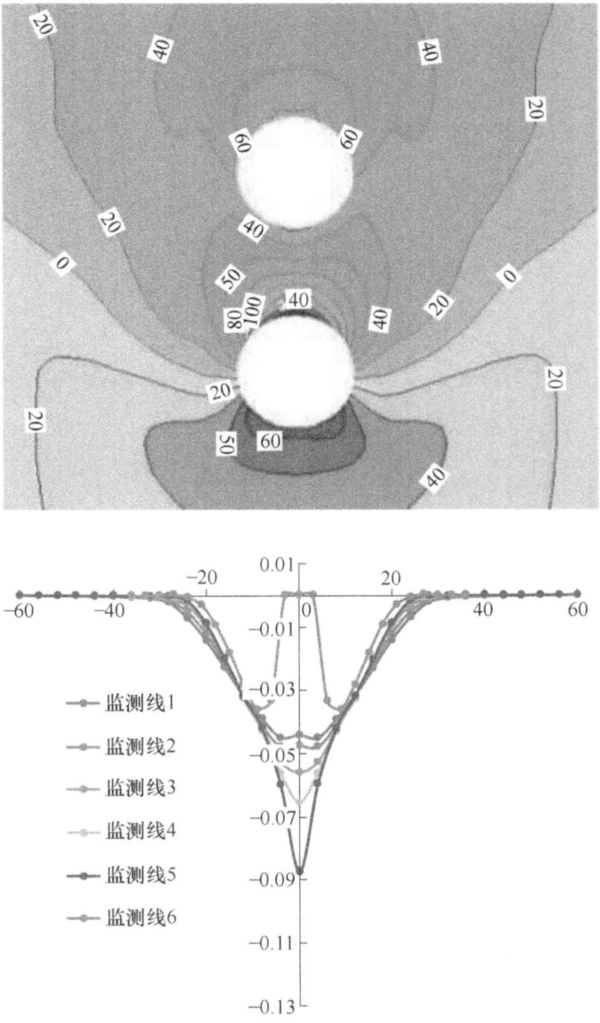

(b)

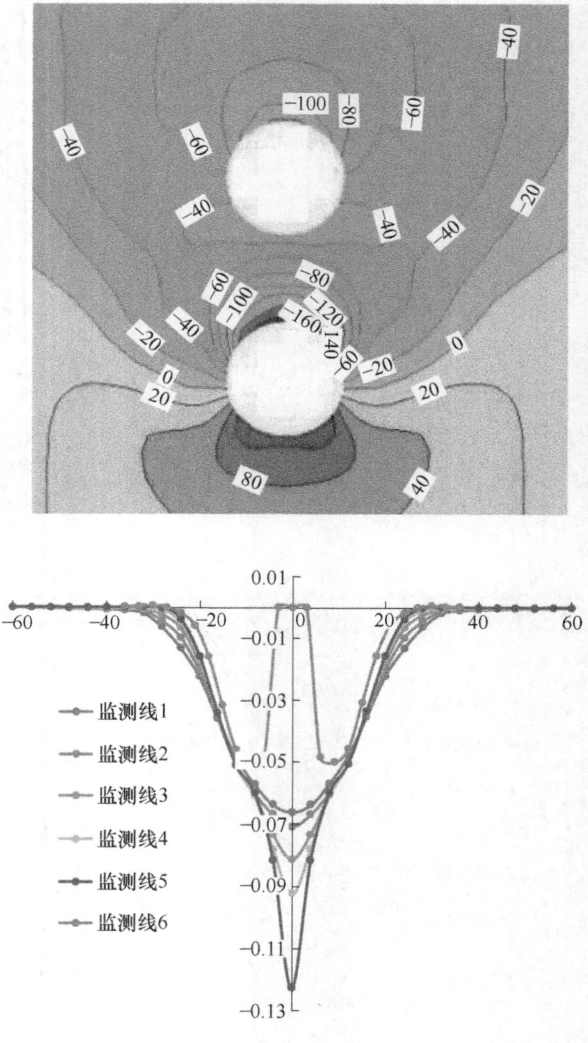

(c)

图 6-2　上下近接方案模拟结果

（a）方案 A；（b）方案 B；（c）方案 C

围，方案 A 的影响范围最小，为 40m，方案 B 次之，为 48m，方案 C 的影响范围最大，为 56m；综上，上下两隧道同时开挖是最不合理的，方案 A 和方案 B 各有优劣，对于地表沉降有严格要求的，采取先开挖下部隧道，再开挖上部隧道的方案，而对于对地表影响范围有严格要求的，采取先开挖上部隧道，再开挖下部隧道的方案。

6.2 地铁近接支护方案优化

本书将注浆和支护直接等效为施加的力来表征支护。此外定义系数 λ，表示支护力与地应力的比值，以下简称应力比。通过改变系数 λ 的值对比地表位移值来确定最优的支护方案。

由 6.1 节研究可知，先开挖一侧隧道，对其进行支护，再开挖另一侧隧道并支护的方案是最优的，故对于方案 A，保持其余的参数不变，分别取 λ 的值为 0.5、0.6、0.7、0.8、0.9、1.0，得到其对应的地表位移值，通过对比得出最优的支护参数。部分计算结果如图 6.3 所示。

在图 6.3 所示的计算结果中，应力比为 0.5 时，最大沉降值为 130mm，最大沉降差为 43mm，应力比为 0.6 时，最大沉降值为 110mm，最大沉降差为 38mm，应力比为 0.7 时，最大沉降值为 100mm，最大沉降差为 36mm，应力比为 0.8 时，最大沉降值为 93mm，最大沉降差为 34mm，当应力比为 0.9 时，最大沉降值为 89mm，最大沉降差为 34mm 当应力比为 1.0 时，最大沉降值为 84mm，最大沉降差为 33mm。由此可见，随着支护应力的增大，最大沉降值和最大沉降差均减小，与应力比增加至 0.7~0.8 时，最大沉降差基本保持稳定。

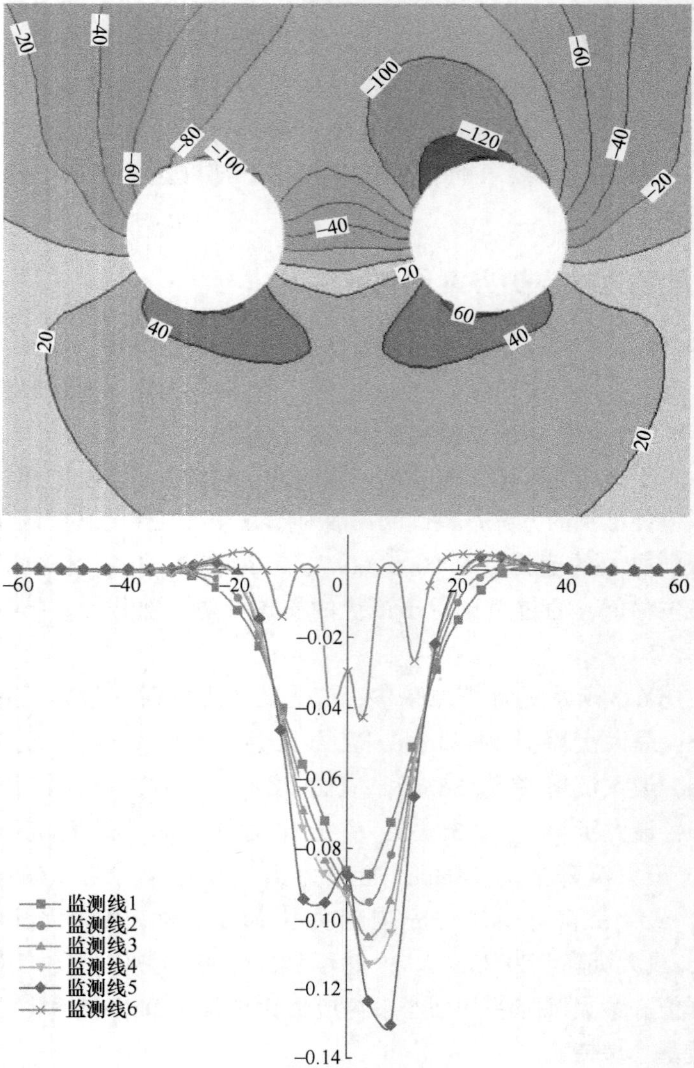
–20
–40
–60
–100
–120
–40
–20
–80
–100
–60
–40
20
60
40
40
20
20
–60
–40
–20
0
20
40
60
–0.02
–0.04
–0.06
–0.08
–0.10
–0.12
–0.14
监测线1
监测线2
监测线3
监测线4
监测线5
监测线6

(a)

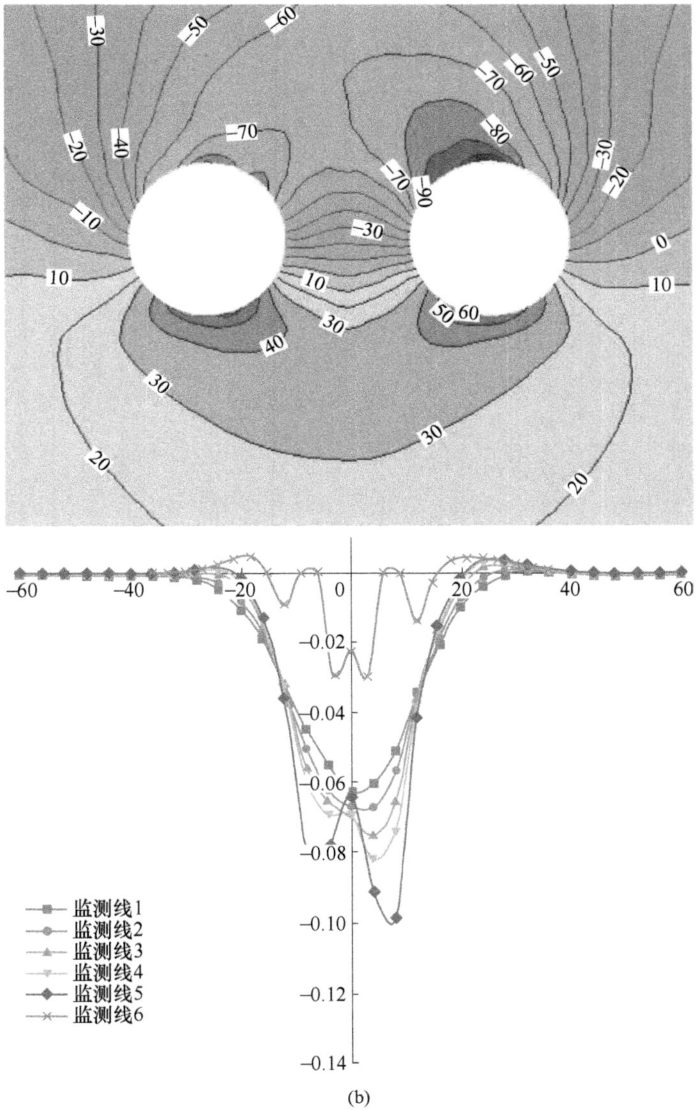
监测线1
监测线2
监测线3
监测线4
监测线5
监测线6
−60
−40
−20
0
20
40
60
−0.02
−0.04
−0.06
−0.08
−0.10
−0.12
−0.14

(b)

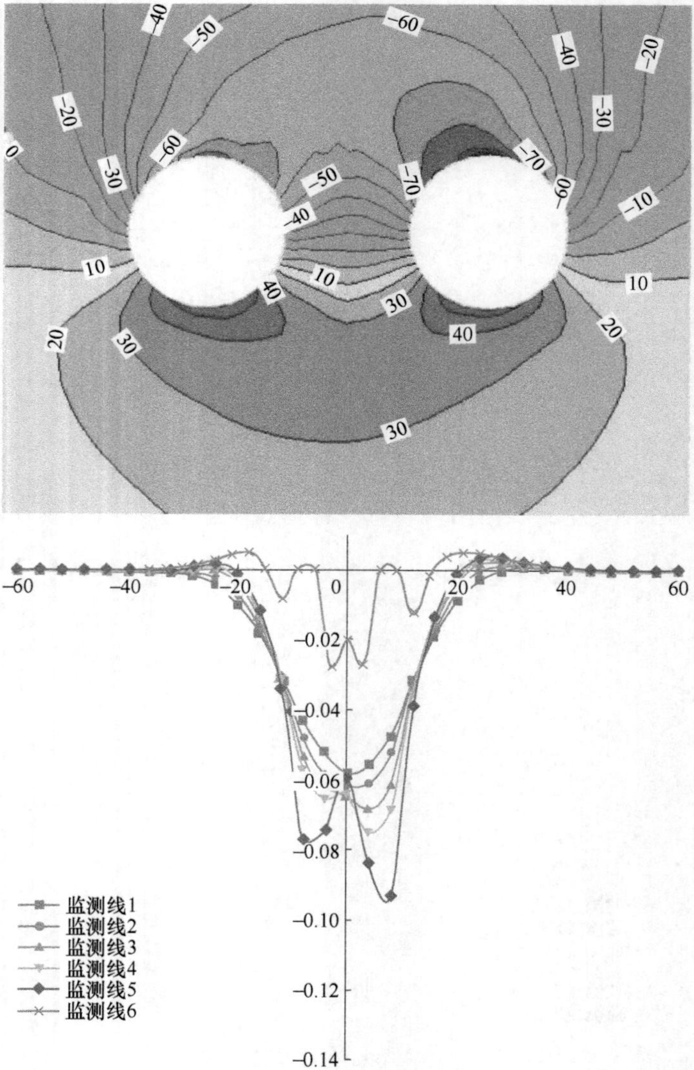

-60
-50
-40
-20
-30
-60
0
-30
-60
-70
-50
-40
-70
-60
-10
10
10
40
30
10
40
20
30
20
30
-60
-40
-20
0
20
40
60
-0.02
-0.04
-0.06
-0.08
-0.10
-0.12
-0.14
监测线1
监测线2
监测线3
监测线4
监测线5
监测线6

(c)

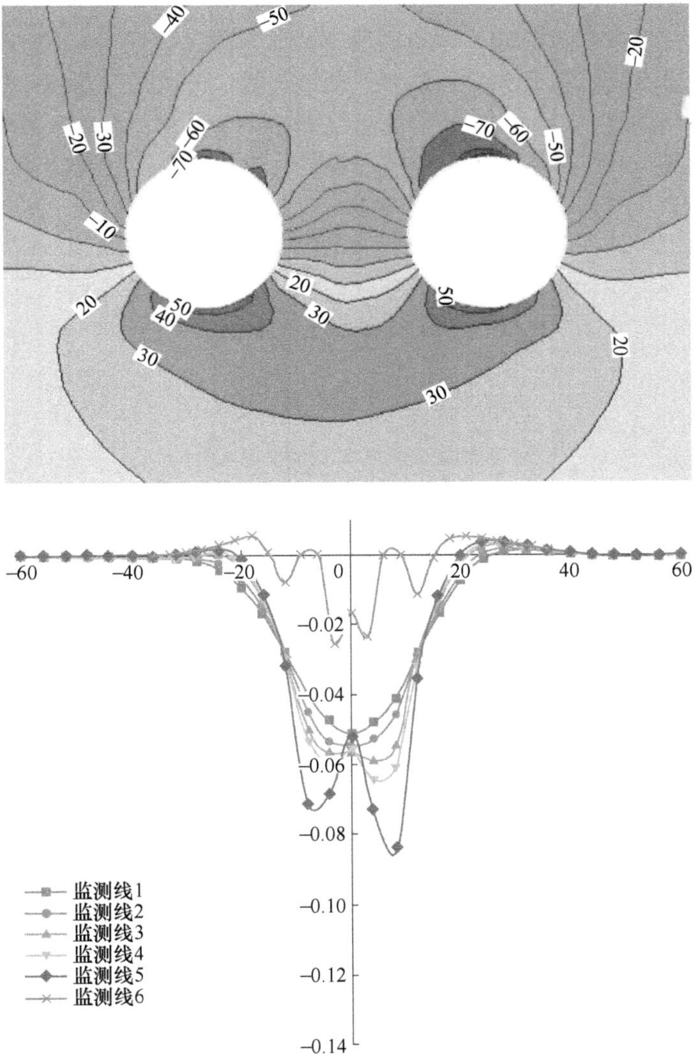

(d)

图 6.3 不同 λ 值水平近接方案得到的地表位移

(a) λ=0.5；(b) λ=0.7；(c) λ=0.8；(d) λ=1.0

6.3　地铁近接监测方案优化

通过上述研究可知，在地层浅部时监测线 1 的位移值是最大的，而在地层深部时监测线 5 的位移值是最大的，传统的监测线一般布置于地表与隧道中心的位置，但通过之前的对比可知监测线 5 的位移值要比监测线 6（隧道中心）的位移值更大，故在近接地铁施工时，沿监测线 5 布置监测点要比沿监测线 6 布置更具有参考价值，通过上述的对比还可以看出，在±40m 之外的测点的位移值接近于 0，综上，对于近接地铁的监测对策，采取在±40m 之内沿监测线 1 与监测线 5 每隔 4m 布置一个测点的方法较为合理，如图 6.4 所示。

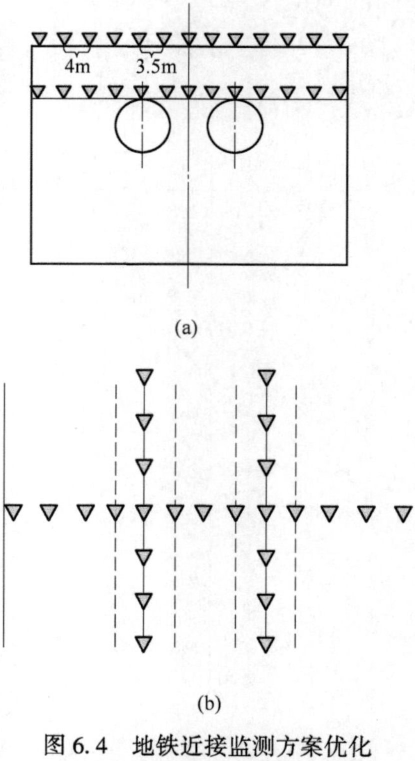

(a)

(b)

图 6.4　地铁近接监测方案优化
（a）剖面图；（b）平面图

6.4 与现场实测的对比验证

根据现场数据可知，开挖方式为左右双线开挖，隧道半径为 3m，近接距为 5m，隧道中心距地面 13.3m，监测点与实际沉降值如图 6.5 所示。

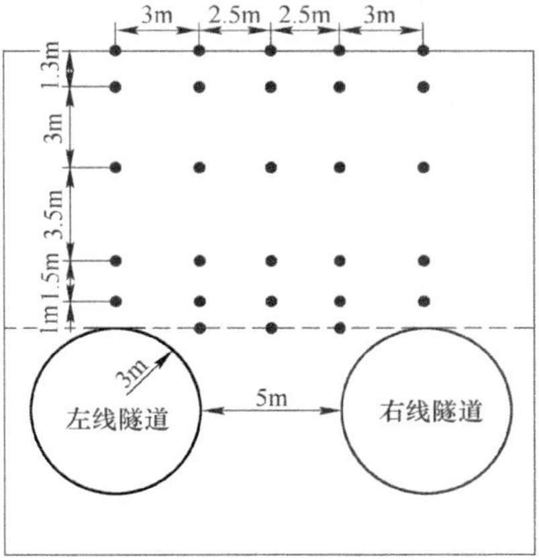

(a)

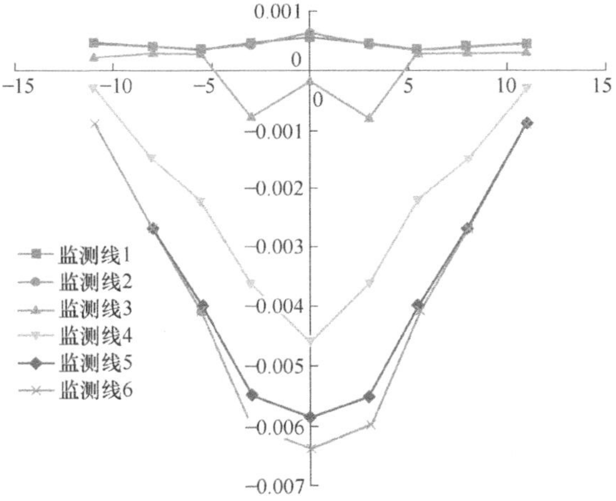

(b)

图 6.5 现场监测点(a)与实际沉降值(b)

以该现场为例，建立数值模型进行分析，支护比 λ 取 1.0，以此来验证模型的规律性，得出模拟沉降图与沉降曲线，如图 6.6 所示。

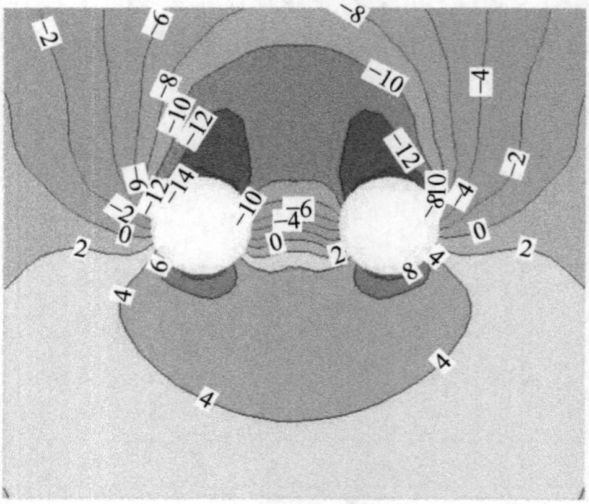

(a)

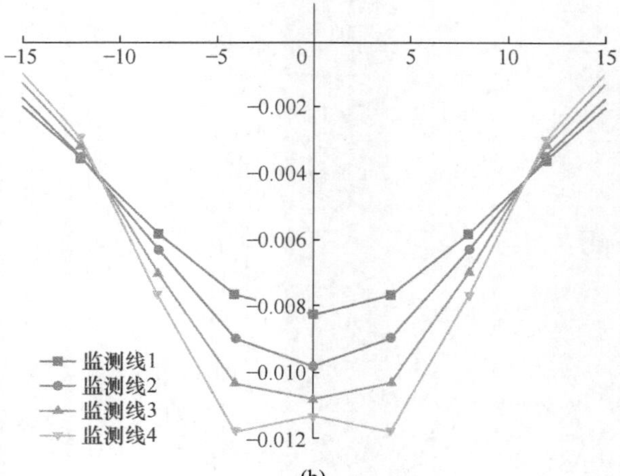

(b)

图 6.6 数值分析得出的地铁近接方案模拟沉降图(a)及曲线(b)

通过对比理论模型与现场实测的沉降值，可以看出沉降值曲线的规律是相似的，距两隧道中心连接线的中点位置越近，沉降值越大，距离两隧道中心位置越远，沉降值逐渐减小；随着深度的增加，两隧道正上方的沉降值与中心点沉降值差距越来越小，即最大沉降差随着深度的增加逐渐减小，说明越接近隧道，它们的交互作用就越剧烈，当沉降值曲线出现平底时，两隧道的近接交互作用最剧烈。

本章在第5章分析地铁近接时其交互作用影响规律的基础上，分析了在建与在役地铁地下工程空间近接时施工、支护、监测对策，研究结果表明当支护应力比为0.8左右时，沉降极差基本保持稳定。沉降极差随着深度的增加逐渐减小，当沉降值曲线出现平底时，两隧道的近接交互作用最剧烈。对于近接地铁的监测对策，采取在±40m之内沿隧道中心每隔4m布置一个测点形成监测线的方法可以采用最少的点获得最全面的近接交互作用。

7 结论与展望

7.1 主要结论

本书主要结论如下：

（1）砂卵石样品较粗砂、细砂、粉细砂及黏土而言具有更强烈的非均质性。从形状上看，粗砂、细砂以及砂卵石样品的颗粒性状较为相近，均呈现小颗粒块状；而粉细砂及黏土样品由于粒径较小，大体呈松散状，成块不明显，从空间分布来看粗砂与砂卵石样品分布呈现无规则状态，粒径大小不一且无规则，而粉细砂与黏土分布较为均匀。砂卵石样品的力学性质受含水率影响较大，且稳定性略差于其他样品。

（2）对于地铁近接施工工程，双线沉降变形并不是简单的两条单线沉降剖面的叠加，而是它们相互作用的结果。最大沉降值位于隧道正上方，但双线两侧的沉降值大于单线。同时，双线的影响范围远大于单线。

（3）对于双线相邻地铁的开挖，提出以最大沉降差（两隧道中心点的沉降值与最大沉降值之差）和开挖影响范围（沉降值大于5mm 的宽度与两隧道距离之差）为指标来考察其影响程度相邻地铁的相互作用。

（4）数值正交分析结果表明，在砂卵石地层中开挖相邻地铁时，随着隧道直径和间距的增大，地表沉降带宽度明显增大，但随着隧道直径的增加（从 6m 到 14m），其地表沉降增长率几乎达到间距（从3m 到 15m）增长率的 2 倍。在砂卵石地层中开挖时，地表的最大沉降值随隧道直径的增大而增大，随间距的增大而减小。正交分析表明，隧道直径对最大沉降值的影响远大于隧道近接距对最大沉降值的影响。最大沉降量随隧道直径的增大而增大，约为间距减小所造成影响的 3.6 倍。

（5）随着支护应力比的增大，最大沉降值和最大沉降差都在减小，当应力比增加至0.8时，最大沉降差基本保持稳定。最大沉降差随着深度的增加逐渐减小，当沉降值曲线出现平底时，两隧道的近接交互作用最剧烈。

7.2 展望

本书以砂卵石地层中地铁近接施工为研究背景，采用室内试验、CT扫描、电镜扫描、数值模拟及现场实测相结合的方式，研究了隧道硐径、隧道近接距以及砂卵石岩土体力学性质对地铁近接隧道围岩稳定性的影响，提出了北京在建与在役地铁地下工程空间近接时施工、支护、监测优化方案。本书取得了一定的成果，但仍有很多不足之处，在此提出对后续研究的进一步展望：

（1）砂卵石岩土体具有“似土非土、似石非石”的特性，其具有显著的非均质特征，卵石直径分布、卵石空间分布等都不均一，因此其也就具有显著的尺寸效应，后续应针对其砂卵石地层多尺度特征展开研究。

（2）砂卵石具有峰后大幅跌落、二次峰值、较小的残余强度等特征，且这些力学特性与含水率、尺寸效应密切相关，应进一步研究可考虑砂卵石地层这些特性的本构模型。

（3）对于地铁施工而言，除过硐径和近接距之外，隧道的埋深、变向等因素均对围岩的稳定性及地表沉降具备一定的影响，因此综合考虑更多因素间的交互影响同样值得进一步的研究。

（4）本书中以水平双隧洞开挖模型模拟了近接地铁的施工，但实际上地铁的近接并不只是平面的交互，同样包含空间垂直、交叉等近接情况，会对隧道围岩产生更为特殊的影响，因此不同的近接情况的影响也是后续研究重点之一。

参 考 文 献

[1] 王梦恕 . 地下工程浅埋暗挖技术通论 [M]. 合肥：安徽教育出版社，2004.

[2] 彭华，白雁，蔡小培 . 城市轨道交通 [M]. 北京：人民交通出版社，2013.

[3] 于书翰，杜谟远 . 隧道施工 [M]. 北京：人民交通出版社，1999.

[4] 国家发展改革委 . 国家发展改革委关于北京市城市轨道交通第二期建设规划（2015~2021 年）的批复.（2015）2099 号 .

[5] 刘志涛 . 地铁穿越工程中新建地铁对既有地铁安全运营的影响分析 [D]. 北京：北京交通大学，2009.

[6] 吴文忠 . 地铁隧道下穿铁路对洞口边坡及铁路影响研究 [D]. 重庆：重庆交通大学，2013.

[7] 仇文革 . 地下工程近接施工力学原理与对策的研究 [D]. 成都：西南交通大学，2003.

[8] 吕培林，周顺华 . 软土地区盾构隧道下穿铁路干线引起的线路沉降规律分析 [J]. 中国铁道科学，2007，28（2）：12-16.

[9] 田家琳 . 地铁新线区间隧道下穿地铁既有线的二衬施工技术 [J]. 铁道建筑，2008（6）：60-62.

[10] 马锁柱，陈浩 . 地铁车站下穿既有地铁隧道的暗挖法施工 [J]. 现代城市轨道交通，2006（3）：38-40.

[11] 王斌 . 地铁盾构施工对既有桥隧影响的力学行为模拟研究 [D]. 合肥：合肥工业大学，2015.

[12] 袁金秀，王道远，李栋 . 北京地铁 6 号线下穿既有 4 号线区间盾构隧道施工技术 [J]. 城市轨道交通研究，2012，15（3）：82-85.

[13] 薛景沛，何浩 . 盾构两次近距离下穿既有运营地铁的施工技术 [J]. 隧道建设，2009，29：46-51.

[14] Devriendt M, Doughty L, Morrison, P. Displacement of tunnels from a basement excavation in London [J]. Proceedings of the Institution of Civil Engineers-Geotechnical Engineering, 2010, 163（3）: 131-145.

[15] Huang X, Schweiger, H F, Huang H. Influence of deep excavations on nearby existing tunnels [J]. International Journal of Geomechanics, 2013, 13（2）: 170-180.

[16] Wu K. Study on the deep foundation effect on the adjacent underground structures during a metro station construction [J]. Advanced Materials Research, 2013, 779: 1180-1183.

[17] Sharma J S, Hefny A M, Zhao J. Effect of large excavation on deformation of adjacent MRT tunnels [J]. Tunnelling and Underground Space Technology, 2001, 16 (2): 93-98.

[18] 谢琪. 盾构隧道与溶洞安全距离及溶洞处治技术研究 [D]. 南宁: 广西大学, 2018.

[19] Liang Q, Li J, Li D, et al. Effect of blast-induced vibration from new railway tunnel on existing adjacent railway tunnel in Xinjiang, China [J]. Rock Mechanics and Rock Engineering, 2013, 46 (1): 19-39.

[20] Chen J J, Zhu Y F, Li M G, et al. Novel Excavation and Construction Method of an Underground Highway Tunnel above Operating Metro Tunnels [J]. Journal of Aerospace Engineering, 2015, 28 (6): 1-7.

[21] Liu H, Li P, Liu J. Numerical investigation of underlying tunnel heave during a new tunnel construction [J]. Tunnelling and Underground Space Technology, 2011, 26 (2): 276-283.

[22] Liang Y, Liu G, Hu R. Deformation analysis of adjacent metro during deep pit excavation [J]. Applied Mechanics and Materials, 2011, 90: 651-655.

[23] Sun X. An Effective Method of Evaluating Safety of Adjacent Buildings Influenced by Metro Construction in Beijing [J]. Applied Mechanics and Materials, 2012, 170: 1467-1473.

[24] 张国茂. 地铁隧道围岩稳定性影响因素的分析 [J]. 科技视界, 2016 (10): 199-201.

[25] Huo R, Zhou P, Song Z, et al. Study on the settlement of large-span metro station's baseplate caused by the tunnels newly built beneath it [J]. Advances in Mechanical Engineering, 2019, 11 (2): 1-13.

[26] 雷震宇, 周顺华, 许恺. 铁路下穿式结构施工受轮轨作用力的影响分析 [J]. 中国铁道科学, 2003, 24 (6): 70-73.

[27] 臧延伟, 张栋樑, 罗喆. 盾构下穿铁路地基加固施工参数优化 [J]. 铁道建筑, 2006 (5): 70-73.

[28] 徐干成, 李成学, 王后裕, 等. 地铁盾构隧道下穿京津城际高速铁路影响分析 [J]. 岩土力学, 2009, 30 (S2): 269-272.

[29] 许有俊, 陶连金, 李文博, 等. 地铁双线盾构隧道下穿高速铁路路基沉降分析 [J]. 北京工业大学学报, 2010 (12): 1618-1623.

[30] 刘银伟, 梁斌, 李明, 等. 盾构穿越既有铁路的地表沉降分析 [J]. 河南科技大学学报 (自然科学版), 2012, 33 (1): 49-53.

[31] 马文辉．北京地铁双线盾构近距下穿既有盾构区间风险控制研究［D］．北京：北京交通大学，2015.

[32] 朱衍峰．地铁新线车站穿越既有线车站的施工力学分析［D］．成都：西南交通大学，2007.

[33] 王振．某地铁盾构穿越广深铁路桥影响分析及施工控制研究［D］．北京：北京交通大学，2012.

[34] 王世明．北京某地铁盾构近距离下穿既有地铁风险控制措施研究［D］．北京：北京交通大学，2014.

[35] 荔强，薛城．软土地区盾构近距下穿车站影响性研究［J］．中国高新技术企业，2011（36）：116-118.

[36] 王晓睿，贾晓凤，薛亚东．城市地铁隧道超近距下穿污水管数值模拟分析［J］．地下空间与工程学报，2011（3）：424-428.

[37] Luo J, Ding D, Xiao X. Prediction of Deformation of Adjacent Existing Running Tunnel due to beneath Shield Tunneling. [J]. Applied Mechanics and Materials, 2014, 501 (2): 1701-1705.

[38] 郑继强．地铁浅埋暗挖快速施工研究和土体稳定性分析［D］．大连：大连交通大学，2012.

[39] 徐杨．青岛地铁施工过断层破碎带围岩稳定性分析［D］．青岛：青岛理工大学，2018.

[40] 李科委．地铁盾构隧道下穿建筑物施工影响规律与风险分析［D］．大连：大连交通大学，2018.

[41] 姚海波．大断面隧道浅埋暗挖法下穿既有地铁构筑物施工技术研究［D］．北京：北京交通大学，2005.

[42] 白海卫．新建隧道下穿施工对既有隧道纵向变形的影响和工程措施研究［D］．北京：北京交通大学，2007.

[43] 贾永刚．北京地铁 5 号线下穿既有区间结构的安全评估［J］．都市快轨交通，2006，19（5）：62-65.

[44] 黄子文．浅埋暗挖法隧道施工过程地表沉降及洞室稳定性分析［D］．南昌：东华理工大学，2017.

[45] Huang X, Liu Q, Liu B, et al. Experimental Study on the Dilatancy and Fracturing Behavior of Soft Rock Under Unloading Conditions [J]. International Journal of Civil Engineering, 2017, 15 (6): 921-948.

[46] 郑选荣．西安地铁浅埋暗挖黄土隧道围岩变形特性及控制技术研究［D］．西安：西安科技大学，2015.

[47] 韩煊，刘赪炜，Jamie R Standing. 隧道下穿既有线的案例分析与沉降分析方法 [J]. 土木工程学报，2012 (1)：134-141.

[48] 王占生，张顶立. 浅埋暗挖隧道近距下穿既有地铁的关键技术 [J]. 岩石力学与工程学报，2007，26 (S2)：4208-4208.

[49] 李立. 北京地铁 8 号线二期南段工程设计与施工 [J]. 隧道建设，2013，33 (12)：983-988.

[50] Zhang P, Jin L, Du X, et al. Computational homogenization for mechanical properties of sand cobble stratum based on fractal theory [J]. Engineering Geology, 2017, 232: 82-93.

[51] Du X, Zhang P, Jin L, et al. A multi-scale analysis method for the simulation of tunnel excavation in sandy cobble stratum [J]. Tunnelling and Underground Space Technology, 2019, 83: 220-230.

[52] Khoiri M, Ou C Y, Teng F C. A comprehensive evaluation of strength and modulus parameters of a gravelly cobble deposit for deep excavation analysis [J]. Engineering Geology, 2014, 174: 61-72.

[53] 胡茂兴. 大直径盾构施工引起地表沉降研究 [D]. 北京：中国地质大学（北京），2019.